Matthias Puhle

Magdeburg
Kleine Stadtgeschichte

VERLAG FRIEDRICH PUSTET
REGENSBURG

**BIBLIOGRAFISCHE INFORMATION DER
DEUTSCHEN NATIONALBIBLIOTHEK**
Die Deutsche Nationalbibliothek verzeichnet diese Publikation
in der Deutschen Nationalbibliografie; detaillierte bibliografische
Angaben sind im Internet über http://dnb.dnb.de abrufbar.

ISBN 978-3-7917-2993-0
© 2018 by Verlag Friedrich Pustet, Regensburg
Reihen-/Umschlaggestaltung und Layout: Martin Veicht, Regensburg
Satz: Vollnhals Fotosatz, Neustadt a. d. Donau
Druck und Bindung: Friedrich Pustet, Regensburg
Printed in Germany 2018

Diese Publikation ist auch als eBook erhältlich:
eISBN 978-3-7917-6141-1 (epub)

Weitere Publikationen aus unserem Programm
finden Sie auf www.verlag-pustet.de
Kontakt und Bestellungen unter verlag@pustet.de

Inhalt

Vorwort 6

Frühgeschichte bis zur Ersterwähnung Magdeburgs 805 8

Handelsplatz und Kaiserstadt Ottos des Großen 805–1024 11
Ersterwähnung 805 / Gründung des Moritzklosters 937 /
Die ottonische Pfalz Magdeburg / Gründung des Erzbistums Magdeburg 968 / Im Windschatten spätottonischer Politik

Metropole des Erzbistums Magdeburg 1024–1240 20
Reichsferne in salischer Zeit / Erzbischof Norbert von
Xanten / Das Erzbistum im welfisch-staufischen Konflikt /
Aufstieg der Stadt und Wurzeln des Magdeburger Rechts /
Magdeburger Recht / Weihnachtshoftag 1199: Walther von der
Vogelweide in Magdeburg / Grundsteinlegung des Doms
1209 / Kulturelle Blüte im 13. Jahrhundert / *Magdeburger Bronzeguss* / *Mechthild von Magdeburg*

Hansestadt zwischen Ratsherrschaft und Bischofsmacht
1240–1524 37
Der Rat entsteht / Magdeburg wird Hansestadt / Erster innerstädtischer Konflikt 1293/95 / Der Bischofsmord von 1325 /
Die Stadtverfassung von 1330 / Der »Schwarze Tod« in Magdeburg / Mitglied im Sächsischen Städtebund und in der Hanse /
Die Münzunruhe 1401–1403 / Krieg mit Erzbischof Günther II.
1430–1435 / Konflikt mit Erzbischof Ernst 1486–1497

Hochburg der Reformation 1524–1618 50
Luther in Magdeburg: Die Stadt wird evangelisch / Magdeburgs
Kampf gegen das »Interim« von 1548 /»Unseres Herrgotts
Kanzlei«: Belagerung durch Moritz von Sachsen / Zwischen
»Augsburger Religionsfrieden« und Dreißigjährigem Krieg

Zerstörung und Neubeginn: Der Dreißigjährige Krieg
und die Folgen 1618–1680 59
Vom Kriegsausbruch bis 1630: Die Lage spitzt sich zu /»Magdeburger Bluthochzeit« / Neubeginn in Trümmern / Der vergebliche Kampf Otto von Guerickes / 1648: Das Erzstift wird Herzogtum / Der Klosterbergische Vertrag von 1666

Brandenburgisch-preußische Festungsstadt 1680–1815 69
Die stärkste Festung in Brandenburg-Preußen / Hugenotten
und Pfälzer flüchten nach Magdeburg / Aufbau der Barock-
stadt und Entstehung erster Manufakturen / Kulturleben im
18. Jahrhundert / *Friedrich Freiherr von der Trenck* / Unter
französischer Herrschaft 1806–1814 / Widerstand und
Befreiungskriege

Aufbruch ins Industriezeitalter 1815–1918 84
Der Wiener Kongress und seine Folgen / Beginn der
Industrialisierung 1823 / Modernisierung der Stadt unter
Oberbürgermeister Francke / *Die große Domreparatur 1826–1834* /
Kulturleben in der ersten Hälfte des 19. Jahrhunderts / Vormärz 1815–1848 / Revolution 1848/49 / Aufstieg zur Großstadt / *Folgenschwere Entscheidung für die Position im europäischen Eisenbahnnetz* / Kulturleben in der Ära Hasselbach 1851–1881 /
Wilhelm Raabe in Magdeburg / Die jüdische Gemeinde in Magdeburg / *Die jüdische Gemeinde vom 10. bis zum Ende des 18. Jahrhunderts* / Magdeburg in der Gründerzeit / *Kettenschifffahrt auf Elbe
und Saale* / Arbeiterbewegung / Am Ende der Ära Hasselbach /
Politische Verhältnisse und Wirtschaft um 1900 / *Mietkasernen
à la Berlin: Wohnen vor dem I. Weltkrieg* / Kultur um 1900 / *Der
Breite Weg: Prachtstraße Magdeburgs* / Vor dem Kriegsausbruch 1914 / Der I. Weltkrieg 1914–1918

Reformstadt und »Zentrum Mitteldeutschlands« 1918–1933 ... 121
Novemberrevolution 1918 / Hermann Beims wird Ober-
bürgermeister / Die Stadt des Neuen Bauens / Die »Goldenen
Zwanziger« / *Künstlervereinigung »Die Kugel«* / Die »rote Stadt
im roten Land« / »Zentrum Mitteldeutschlands« / Krisen-
erscheinungen am Ende der Ära Beims / *Streit um das Barlach-
Denkmal* / Oberbürgermeister Ernst Reuter 1931–1933 /
Umstrittener Kandidat

Magdeburg unter dem Hakenkreuz 1933–1945 139
Die rote Stadt wird braun / Die Pogromnacht am 9. November 1938 / Kriegsbeginn und Kriegsproduktion in Magdeburg / KZ-Außenlager in Magdeburg / *Verfolgung und Widerstand* / Zerstörung der Stadt am 16. Januar 1945

Sozialistische Industriestadt in der DDR 1945–1990 . . . . **150**
Kriegsende 1945 / *Brand im Bergwerk und Sammlungsverluste der Museen* / Neubeginn 1945–1949 / *Wiederaufbau der Innenstadt ab 1951* / Der Volksaufstand am 17. Juni 1953 / Wirtschaftliche Entwicklung der Stadt / Gesellschaftliche Entwicklung / Friedliche Revolution im Herbst 1989

Als Landeshauptstadt ins neue Jahrtausend **169**
Wiedervereinigung am 3. Oktober 1990 – Magdeburg wird Landeshauptstadt / Systemwechsel und gesellschaftliche Transformation / *Wandel der Innenstadt seit 1990* / Die wirtschaftliche Situation der Stadt / Stadt der Wissenschaft / Stadt der Kultur / Bundesgartenschau und Ausstellungen zu Otto dem Großen / Ausblick

Anhang **181**
Zeitleiste / Bildnachweis / Übersichtskarte / Literatur / Register

Vorwort

Die lange, wechselhafte Geschichte Magdeburgs beginnt mit dem erstmals schriftlich erwähnten Namen in einem Reichsgesetz Karls des Großen im Jahr 805. Doch erst Otto der Große und seine erste Frau Editha machten aus der karolingischen Grenzstation und dem Fischerdorf an der Elbe mit der Gründung des Moritzklosters 937 und durch in schneller Folge erteilte Privilegien eine aufstrebende ottonische Stadt, die 30 Jahre später durch die Einrichtung des Erzbistums Magdeburg 968 sogar zur Metropole wurde, die nach der päpstlichen Gründungsurkunde eine Art »Konstantinopel des Nordens« werden sollte. Dieser fast kometenhafte Aufstieg unter Kaiser Otto dem Großen, der auch seine Grablege hier wählte, beförderte Magdeburg in die erste Reihe der mitteleuropäischen Städte, auch wenn es den Ruf eines »Konstantinopel des Nordens« nie ganz erreichte.

Von dieser Zeit an war das Schicksal Magdeburgs nicht nur mit der deutschen, sondern auch der europäischen Geschichte teilweise auf das Engste verbunden. Auf Grundlage der ottonischen Epoche entfaltete sich gut 500 Jahre lang das Wirken des Erzbistums, und es entstand die Stadtrechtsfamilie des Magdeburger Rechts, der um 1500 nahezu 1000 Städte in acht Ländern des heutigen Europa angehörten. Über das Beziehungsgeflecht der Hanse stand die Stadt mit den wichtigsten Handelsstationen im nördlichen und östlichen Europa in Verbindung, und mit der Kathedrale wurde ab 1209 der erste gotische Dom in Deutschland errichtet. Einer so bedeutenden Stadt stattete natürlich auch Till Eulenspiegel seinen Besuch ab, wobei er die Bürger durch die Ankündigung provozierte, er werde vom Rathausbalkon fliegen. Als er sich schließlich über die Leichtgläubigkeit der Magdeburger lustig machte, ärgerten diese sich zwar, wiesen ihn aber nicht aus der Stadt, was sonst fast immer passierte.

Im 16. Jh. entwickelte sich die Stadt zu einer Hochburg des Protestantismus. Ihr starker lutherischer Glaube ließ sie so unbeugsam werden, dass sie den Rekatholisierungsversuchen des

Kaisers des Heiligen Römischen Reiches im Dreißigjährigen Krieg widerstand. Am 10. Mai 1631 wurde sie dafür fast völlig zerstört. Schon die Zeitgenossen verglichen diese Katastrophe mit der Auslöschung Trojas oder der Zerstörung Jerusalems. Die Stadt brauchte mehr als 100 Jahre, um sich wieder aufzurichten.

Inzwischen brandenburgisch geworden, wurde sie im Laufe des 18. Jh. zur mächtigsten Festung des aufstrebenden Königreichs Preußen ausgebaut. Im 19. Jh. wuchs Magdeburg durch eine starke Industrialisierung zu einer Großstadt heran, deren Rüstungsindustrie sich an beiden Weltkriegen erheblich beteiligte. Die Zerstörung am 16. Januar 1945 legte die historische Altstadt erneut in Schutt und Asche. Der darauf folgende Wiederaufbau richtete sich ganz und gar nach den Bedürfnissen der »Stadt des Schwermaschinenbaus« im sozialistischen Wirtschaftssystem der DDR.

Nach der friedlichen Revolution 1989 und der Wiedervereinigung 1990 wurde Magdeburg zur Landeshauptstadt des neu gegründeten Bundeslandes Sachsen-Anhalt gewählt. Als Stadt der Wissenschaft und Kultur, als Verwaltungs- und Dienstleistungszentrum sowie Standort neuer zukunftsträchtiger Technologien nimmt es inzwischen eine starke Position ein und hat die Attraktivität seiner Innenstadt durch die Umsetzung umfangreicher städtebaulicher Maßnahmen bereits erheblich steigern können.

Diese »Kleine Stadtgeschichte« von Magdeburg soll einen möglichst schlüssigen Gang durch 1200 Jahre bieten, in dem die wesentlichen Stationen dieser Geschichte behandelt werden. Hierbei wurde auf die Darstellung der Zusammenhänge und Wechselwirkungen mit der deutschen und europäischen Geschichte großer Wert gelegt. Die herausragenden, aber auch die niederschmetternden Epochen ihrer Geschichte haben die Stadt immer wieder gezwungen, die daraus folgenden Identitätswechsel zu vollziehen. Am Ende gewinnt man aber den Eindruck, dass sie trotz dieser enormen Brüche und Umbrüche in ihrer Geschichte immer die Kraft hatte, wieder zu sich selbst zu finden.

Frühgeschichte bis zur Ersterwähnung Magdeburgs 805

Die ältesten Siedlungsnachweise in Magdeburg gehen in die mittlere Altsteinzeit zurück und datieren etwa vor 200.000 Jahren. Es handelt sich bei diesen Funden v. a. um Feuersteingeräte, die in den Magdeburger Kieswerken gefunden worden sind. Diese Geräte waren im wesentlichen Faustkeile, mit denen die Urmenschen grobe Arbeiten erledigten, wie etwa das Zerlegen von Jagdwild. Diese »steinernen Reste früher menschlicher Kultur« gelten als »die einzigen Belege für die Anwesenheit der Urmenschen im Randbereich der nordeuropäischen Vergletscherungen. Diese Funde belegen den Aufenthalt von Menschen bei größeren Wasserläufen, wo die Tiere zur Tränke kamen und als Beute zur Strecke gebracht werden konnten und sich der von den Gletschern aus dem Ostseegebiet mitgebrachte Feuerstein fand – als ›Stahl der Steinzeit‹ wichtiger Rohstoff für die Werkzeuge unserer Vorfahren über Jahrhunderttausende hinweg« (Weber, S. 14).

Einsetzende Kaltzeiten sorgten in der Folgezeit für ein Zurückweichen menschlicher Kulturen aus dem Magdeburger Raum, der zwar nicht vergletscherte, aber im Vorland der von Norden herannahenden Gletscher lebensfeindliche Frostwüsten ausbildete. Um ca. 9500 v. Chr. endete die letzte Eiszeit, die Bedingungen für die menschliche Besiedlung des Raumes an der mittleren Elbe verbesserten sich, und im 6. Jhtsd. v. Chr. wurden Menschen hier sesshaft, es entstanden Dörfer mit großen Häusern aus Holzpfosten, Ruten und Lehm. Die hier gefundenen Tongefäße gehören zur sogenannten Linienbandkeramik (5500–4900 v. Chr.).

Die Linienbandkeramiker besiedelten gerne fruchtbare Lössböden, wie sie in der Magdeburger Börde vorkommen. »Die Lage der Dörfer am Rande von Bach- und Flussauen gestattete die Nutzung des Wassers sowie der Auenwälder als Viehweide ihrer Haustiere (…) und als Holzquelle für den

Stichbandkeramik aus einer Magdeburger Siedlungsgrube, 4800 v. Chr. (Die Stichband- folgte auf die Kultur der Linienbandkeramik.)

Hausbau« (Boettcher, S. 10/11). Auch auf dem Domplatz und an anderen Stellen der Altstadt finden sich Reste dieser Kultur. Da die archäologischen Befunde aus frühgeschichtlicher Zeit durch die intensive mittelalterliche Bebauung der Altstadt schwer gestört sind, können keine eindeutigen Feststellungen über die Besiedlung in dieser frühen Zeit getroffen werden.

Die Funde aus Jungsteinzeit, Bronzezeit und Eisenzeit auf Magdeburger Gebiet, die sich an die Linienbandkeramik anschließen, weisen erhebliche Lücken auf, so dass mit einer Siedlungskontinuität nur in einem weit über die heutige Altstadt reichenden Gebiet zu rechnen ist.

In der 2. Hälfte des 1. Jhs. n. Chr. strömten Elbgermanen aus dem nördlichen Niedersachsen und Schleswig-Holstein in das Mittelelbe-Gebiet und drangen weiter in den Süden des heutigen Sachsen-Anhalt, nach Thüringen, Böhmen und Nordbayern vor. An der Elbe mischten sich verschiedene Germanenstämme wie die Sueben, Langobarden, Semnonen, Hermunduren, Markomannen und Quaden und bildeten eine relativ homogene gemeinsame Kultur aus.

In der Zeit zwischen 12. v. Chr. und 16 n. Chr. kam es zu mehreren Versuchen des römischen Imperiums, das rechtsrheinische Germanien zu erobern und Rom als Provinz einzuverleiben. Die berühmte Varusschlacht 9. n. Chr. wurde für Rom zu einem Desaster, und die Züge des Germanicus nach dieser Schlacht endeten 16 n. Chr. mit seiner Abberufung aus dem rechtsrheinischen Gebiet. Die Elbe hatte Drusus schon 5 v. Chr. im Magdeburger Raum erreicht. Er verunglückte bei diesem Zug aber tödlich. Auch wenn die römische Herrschaft rechtsrheinisch also nicht dauerhaft stabilisiert werden konnte, wurden die Germanenstämme zwischen Rhein und Elbe dennoch politisch, sozial und kulturell durch den römischen Einfluss geprägt. Das beweist eindrucksvoll das Fürstengrab von Gommern aus dem 3. Jh. n. Chr. Die Fundstelle befand sich auf einer Düne auf einer Erderhebung bei Gommern, etwa 20 km östlich von Magdeburg. Dieses Grab gehört zu den reichsten und besterhaltenen seiner Art auf germanischem Boden aus der römischen Kaiserzeit.

Im 5. Jh. lag Magdeburg im Reich der Thüringer, das sich zum größten Germanenreich in dieser Zeit entwickelt hatte, bis die Sachsen die Thüringer in der Schlacht von Burgscheidungen 531 hinter die Unstrut zurückwarfen. Nun wurde Magdeburg Teil des Sachsenreiches, das bis ins 8. Jh. hinein fast ganz Norddeutschland umfasste. In den Sachsenkriegen zwischen 772 und 804 unterwarf und christianisierte Karl der Große die Sachsen und erweiterte sein fränkisch-karolingisches Reich bis an die Elbe. Diesem Vorgang hat Magdeburg seine Ersterwähnung im Jahr 805 zu verdanken.

Handelsplatz und Kaiserstadt Ottos des Großen 805–1024

Ersterwähnung 805

Nach dem endgültigen Sieg Karls des Großen über die Sachsen im Jahr 804 ordnete der Kaiser die Verhältnisse an der Ostseite seines Reiches neu. Im »Diedenhofener Kapitular« wurde der Handel der fränkischen Kaufleute mit den Slawen und Awaren, die östlich der Elbe siedelten, einer gewissen Ordnung und Kontrolle unterworfen. In diesem Reichsgesetz von 805 werden Grenzhandelsorte an der Ostgrenze des Reiches genannt, in denen der Handel durch namentlich vom Kaiser benannte Beauftragte kontrolliert werden sollte. In die Orte, die hier genannt werden, reiht sich Magdeburg ein: Bardowiek, Schezla (nicht lokalisierbar), Magdeburg, Erfurt, Hallstadt (bei Bamberg), Forchheim, Premberg (in der Oberpfalz), Regensburg und Lorch an der Enns (in Oberösterreich). In Magdeburg wird ein gewisser »Aito« als kaiserlicher Grenzgraf eingesetzt, der verantwortlich war für die Überwachung des Handels mit den Slawen.

Ausdrücklich wird in dem Kapitular im Übrigen der Handel mit Waffen und Harnischen in das Gebiet östlich der Elbe verboten. Offensichtlich war dieser Geschäftszweig bis 805 nicht unbedeutend. Als Gegenleistung erhielten die fränkischen und sächsischen Händler gefangene Slawen, die als Hausklaven bis in die islamische Welt verkauft wurden. Häute, Pelze, Honig und Wachs sind als weitere Handelswaren zu nennen. Den zum fränkischen Reich gehörenden Kaufleuten wurde untersagt, über die im Kapitular genannten Orte hinauszugehen. So wurde ihre Funktion als Grenzhandelsorte festgeschrieben.

Mit der Erstnennung des Namens »magadoburg« im »Diedenhofener Kapitular« tritt Magdeburg ins Licht der Geschichte, sollte aber bis 937, als dort das Moritzkloster errichtet wur-

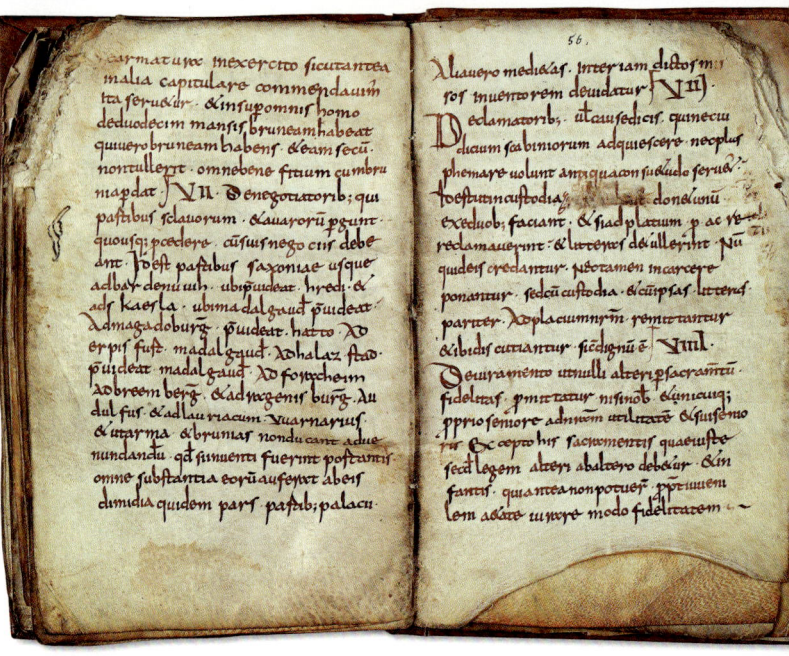

Ersterwähnung Magdeburgs im »Diedenhofener Kapitular« Karls des Großen von 805

de, wieder aus den historischen Quellen verschwinden. Die Anfänge der Stadt liegen also in karolingischer Zeit. Im späteren Verlauf des Mittelalters reichte das den Chronisten jedoch nicht: Die Magdeburger Schöffenchronik, eine der wichtigsten erzählenden Schriftquellen magdeburgischer Geschichte, aus dem späten 14. und frühen 15. Jh. widmet sich ausführlich der Gründungsgeschichte, fußend auf der Schilderung der »Annales Magdeburgenses« aus dem 12. Jh. »Als Julius dieses Land (gemeint sind Caesar und das Land der Thüringer) bezwungen hatte, baute er viele Burgen und Festen in diesem Land, mit denen er das Volk bezwingen wollte … Er baute hier, wo die Stadt steht, eine Burg und einen Tempel für die Ehre seiner Göttin Diana, die hieß nach seiner Sprache Parthenya. Daher gab er dieser Stadt den Namen Partenopolis. Es gab in dem Tempel viele Mägde der Göttin zu Dienste, darauf entstand der Name Magdeburg« (Magdeburger Schöffenchronik, S. 7 f.).

Diese Zurückverlegung der Anfänge Magdeburgs von der karolingischen Zeit in die römische Antike hat mit der »Eigentümlichkeit der mittelalterlichen Geschichtsbeschreibung« zu tun. Dahinter steckt der »Glaube an die Autorität des Alten, die Ehrfurcht vor dem, was durch die Tradition gesichert, ja geheiligt erscheint und daher der Kritik, wenn auch nicht völlig, so doch im Wesentlichen, entzogen ist« (Grau, S. 25).

Die Herkunft des Namens »Magdeburg« hat viele Erklärungen, doch seine Ursprünge sind bislang nicht völlig zu erhellen. Heutige Deutungen gehen in die Richtung, dass Magdeburg in der fränkischen Sprache »Große Burg« hieß.

Gründung des Moritzklosters 937

806 wird Magdeburg noch einmal in der Chronik von Moissac genannt und verschwindet dann für mehr als 100 Jahre aus der schriftlichen Überlieferung. Die Situation ändert sich 929/30 grundlegend. In diesen Jahren heiratete der Sohn des ostfränkischen Königs, Otto I., die englische Königstocher Edgith, die in der Erinnerung der Stadt Editha heißt. Sie erhielt neben 31 Orten westlich der Elbe auch Magdeburg als Morgengabe, also als materielle Absicherung für die junge Prinzessin. Damit war der Ort ins Blickfeld des zukünftigen Herrscherpaares geraten.

Die zwischen 929/930 und 936, dem Todesjahr Heinrichs I., liegenden Jahre waren für Magdeburg von herausragender Bedeutung: Nach der Magdeburger Schöffenchronik nutzten Otto und Editha diese Jahre und trieben den Ausbau von einer Burg zu einer Stadt im Verständnis des 10. Jhs. voran. Laut dieser Chronik war es Editha, von der die Initiative zur Stadtgründung ausging, da sie nicht nur die Ausbaupläne verfolgte, sondern auch die erste Vorstellung davon entwickelte, wie Magdeburg in Zukunft aussehen sollte.

Nach dem Tod Heinrichs I. 936 folgte ihm sein Sohn Otto I. als ostfränkischer König nach. Damit war aus ihm und Editha ein Herrscherpaar geworden. Für Magdeburg sollte dieser Thronwechsel gravierendste Folgen haben. Während Heinrich I. Quedlinburg zu seiner bevorzugten Pfalz gemacht hatte, verschob

Otto seinen Herrschaftsmittelpunkt weiter nach Osten nach Magdeburg an der Elbe. Dennoch spielte Quedlinburg auch bei Otto I. und seinen Nachfolgern als Osterpfalz sowie als Grablege Heinrichs I. und seiner Gattin Mathilde eine erhebliche Rolle.

Am 21. September 937, dem Mauritiustag, wurde in Magdeburg das Moritzkloster gegründet. Es wurde Reichskloster. Seine Lage an der Grenze zum slawischen Gebiet legt die Vermutung nahe, dass dieses Kloster in erster Linie missionspolitische Aufgaben wahrzunehmen hatte. Allerdings erhielt es noch weitere Funktionen. Die Bewidmung des neuen Klosters mit dem hl. Mauritius war eine Folge des Mauritiuskultes im ottonischen Reich, der erst durch den Übergang der Mauritiuslanze von König Rudolf von Burgund auf König Heinrich I. 926 zur Blüte gelangt war. Dieser Kult war im 8. und 9. Jh. v. a. im westfränkischen Reich weit verbreitet, wahrscheinlich gehörte Mauritius in der Karolingerzeit schon zu den Reichsheiligen. Der Mittelpunkt seiner Verehrung lag in St. Maurice in Burgund.

Das neu gegründete Mauritiuskloster wurde stark vom Trierer Kloster St. Maximin aus unterstützt. Mit der Einsetzung von dortigen Mönchen wurde die Verbindung nach Lothringen hergestellt. Zudem gehörte es damit zu den Klöstern der Gorzer Reformbewegung.

Eine weitere Funktion wuchs dem Kloster dadurch zu, dass Otto I. seit 940 Mönche aus dem Magdeburger Kloster für seine Hofkapelle, also seine königliche Kanzlei, heranzog. Die Gruppe von Mönchen, die zu Kaplanen wurden, war so groß und die Handschrift dieser Gruppe so deutlich, dass man in der Forschung vom »Magdeburger Diktat« bzw. den »Magdeburger Diktatoren« spricht. Möglicherweise können wir hier die Grundlage zur Entstehung der »Magdeburger Schule« fassen, die v. a. unter dem späteren Meister Othrich zu enormer Strahlkraft gelangte.

Das Moritzkloster befand sich laut Gründungsurkunde »in unserem Königshof Magdeburg«. Dieser kann nach Lage der Dinge nur auf dem Domplatz gelegen haben.

Eine Stadtgemeinde hat es zum Zeitpunkt der Gründung des Moritzklosters noch nicht gegeben, allerdings Handel und Gewerbe, denn sechs Tage nach der Gründung schenkte Otto I.

Sachsenpfennige 942–990

dem Moritzkloster allen Zoll, der in Magdeburg erhoben und in Zukunft zu erheben sein würde. Damit könnte der Marktzoll gemeint sein, womit von spätestens 937 an von Marktverkehr in Magdeburg ausgegangen werden könnte.

Am 28. März 942 übertrug Otto den Mönchen des Moritzklosters den Ertrag aus Münze und Zoll. Die Magdeburger Münze stellt damit in der Urkunde von 942 die erste lokalisierbare Münzstätte in Sachsen dar. Wahrscheinlich wurden in ihr die Sachsenpfennige geschlagen, die zur gängigen Münze in Mittel- und Norddeutschland sowie in den ostelbischen slawischen Gebieten wurden.

Die Stadtherrschaft ging auf diese Weise sukzessive vom König bzw. späteren Kaiser Otto auf das Moritzkloster über. Diese Entwicklung kam am 9. Juli 965 zu einem gewissen Abschluss, als Otto I. dem Kloster Markt, Münze und Zoll sowie den Bann und die Gerichtsbarkeit über die Juden und die Kaufleute, die sich in Magdeburg aufhielten, verlieh.

HINTERGRUND

DIE OTTONISCHE PFALZ MAGDEBURG

Aus sieben Urkunden, die zwischen 942 und 965 ausgestellt wurden, geht die Existenz einer ottonischen Pfalz in Magdeburg eindeutig hervor. Im frühen und hohen Mittelalter gab es noch keine festen Residenzen, in denen die Herrscher residierten. Vielmehr waren sie Reisekönige, die ihre Herrschaft ausübten, indem sie von Pfalz zu Pfalz zogen. »In palatio«, also in der Pfalz, wurden diese sieben Urkunden ausgestellt. Dieser Zusatz ist der einzige schriftliche Hinweis auf die Existenz einer Pfalz in Magdeburg, wobei zweimal sogar der Zusatz »regius«, also königlich, hinzugefügt wurde.

Die Lage der Pfalz ist noch nicht archäologisch nachgewiesen worden. Grabungen in den 1960er-Jahren haben auf dem Domplatz einen Bau des 10. Jhs. hervorgebracht. Die anfängliche Annahme, man habe die Kaiserpfalz Ottos des Großen gefunden, erwies sich bei späteren Grabungen als Irrtum. Es stellte sich heraus, dass es sich um einen Kirchenbau des Mittelalters handelte.

Gründung des Erzbistums Magdeburg 968

Die Förderung Magdeburgs durch Otto den Großen zog sich durch seine gesamte Herrschaftszeit als König und später als Kaiser. Den Höhepunkt stellt die Errichtung des Erzbistums Magdeburg im Jahr 968 durch Papst Johannes XIII. dar. Die treibende Kraft dahinter war aber Kaiser Otto der Große. In der Gründungsurkunde vom 20. April 967, die 968 in Kraft trat, erklärt Johannes XIII. Folgendes: »Wir (der Papst) aber, die wir seinen (des Kaisers Otto) dem Dienste Gottes in bewundernswerter Weise hingegebenen Sinn bewundern, haben es für angemessen gehalten, ihm nachzugeben, indem wir unter Zustimmung der gegenwärtigen heiligen Synode und des Kaisers selbst bestimmen, dass Magdeburg, an der Elbe gelegen, wo der gottgesegnete Kaiser selbst dem Leib des Heiligen Mauritius mit vielen Märtyrern eine Stätte bereitet und eine Kirche von wunderbarer Größe errichtet hat, nächstdem Metropole sei und genannt werde, in der Autorität des seligen Petrus des Apostelfürsten, und in der (Autorität), in welcher unsere Vor-

Gründungsurkunde des Erzbistums Magdeburg, 968

gänger Konstantinopel errichtet haben. Daher, weil unser Sohn, der mehrfach genannte Otto, aller Kaiser erhabenster, als dritter nach Konstantin in besonderer Weise die Römische Kirche erhöht hat, gestehen wir zu, dass sie (die Magdeburger Kirche) nicht zurückstehen soll hinter den übrigen Metropolitanstädten, sondern mit den ersten als erste und mit den ehrwürdigen als ehrwürdige unerschüttert bleibe.«

Auch wenn Magdeburg in die zugedachte Rolle als »Konstantinopel des Nordens« nicht ganz hineinwachsen sollte, wurde mit der Gründung des Erzbistums eine entscheidende Weichenstellung vorgenommen. Nach dem Tode Ottos des Großen am 7. Mai 973 in Memleben wurden seine sterblichen Überreste von seinem Nachfolger Otto II. nach Magdeburg überführt und neben dem Grab der Editha beigesetzt, und zwar in der gerade in Bau befindlichen Domkirche.

Unter Otto dem Großen hatte Magdeburg einen großen Aufschwung erlebt. Er schuf in den 37 Jahren seiner Herrschaft aus einem noch im Dunkel der Geschichte befindlichen karolingischen Grenzort die Metropole eines neu gegründeten Erzbistums. Es entstand eine Stadtgemeinde, und der Übergang von der Herrschaft des Kaisers über die Stadt auf den Erzbischof des neugegründeten Erzbistums war von Otto vollendet worden. Als erster Erzbischof war Adalbert eingesetzt worden, Abt des Klosters Weißenburg im Elsass und Vertrauter Ottos. Auch unter seinem Nachfolger Otto II. wurde das Erzbistum Magdeburg weiter gefördert. So erneuerte dieser am 26. Juni 975 die Rechte, die sein Vater den Kaufleuten zu Magdeburg schon gewährt hatte. Das Privileg beinhaltete Zollfreiheit im ganzen Reich mit Ausnahme weniger Orte. Unschwer lässt dies einen weiteren wirtschaftlichen Aufschwung erkennen. Insbesondere scheint sich hier schon früh ein ausgeprägter Fernhandel entwickelt zu haben.

Otto II. und dessen Sohn und Nachfolger Otto III. festigten durch kaiserliche Bestimmungen die Stellung des Erzbischofs gegenüber dem Ort Magdeburg. Auch nach dem Ende der ottonischen Epoche, das durch den Tod Kaiser Heinrichs II. 1024 markiert wird, blieben diese Verhältnisse unter den fränkisch-sächsischen Kaisern Konrad II. und Heinrich III. erhalten. Die Position der Magdeburger Kirche wurde durch die Bestätigung der ihnen vorgelegten Diplome der früheren Kaiser gefestigt. Magdeburg war zu einer erzbischöflichen Stadt geworden.

Im Windschatten spätottonischer Politik

Nach dem Tod Ottos I. 973 und Ottos II. 983 geriet Magdeburg abrupt in den Windschatten der spätottonischen Reichspolitik. Zwei Gründe lassen sich für diesen erheblichen Bedeutungsverlust nennen: Zum einen belegen die ab 983 schlagartig ausbleibenden Aufenthalte der kaiserlichen Familie, die aus der Königinmutter Theophanu, der Witwe Ottos des Großen, Adelheid, und dem noch unmündigen Thronfolger Otto III. bestand, das Absinken Magdeburgs aus der Perspektive der herrschenden ottonischen Dynastie. Offensichtlich spielte hier Theophanu die wesentliche Rolle. Zum anderen führte der Slawenaufstand 983 zu einer strategisch stark veränderten Position Magdeburgs. War die Stadt durch die Ostpolitik Heinrichs I., Ottos I. und Ottos II. von einem Grenzort zu einem wesentlich zentraler gelegenen Ort geworden, änderte sich diese Lage nun schlagartig. Die Ergebnisse der ottonischen Ostpolitik waren zum großen Teil zunichte gemacht. Das von Otto I. eingerichtete Bistum Havelberg ging ebenso wie das schon von Heinrich I. errichtete Bistum Brandenburg verloren, die Christianisierung der Elbslawen, besonders der Liutizen, erlitt einen langanhaltenden Rückschlag. Bis ins 12. Jh. hinein erstreckte sich von nun an der Einfluss des ursprünglich viel größer geplanten Magdeburger Erzbistums im Wesentlichen bis an die Elbe und nicht mehr darüber hinaus. Die Stadt »sank damit wieder zu einem östlichen Vorposten des Reiches herab« (Kleinen, S. 53).

Unter Otto III. stieg die Bedeutung Magdeburgs für die Reichspolitik für kurze Zeit allerdings noch einmal an. Zwischen 990 und 997 erschien der Kaiser mehrfach in der Stadt, 997 wurde hier sogar ein Hoftag abgehalten. Der dann stattfindende »Akt von Gnesen« im Jahr 1000, in dem Otto III. zusammen mit Bolesław dem Tapferen die Kirchenprovinz Gnesen schuf, entsprach der Versöhnungspolitik des Kaisers gegenüber den östlich der Oder siedelnden slawischen Völkern, mit denen er zugleich die zwischen Elbe und Oder lebenden Elbslawen unter Druck setzen konnte. In diesem Gebiet sollte eine Staatsgründung der Elbslawen unbedingt vermieden werden. Für das Erzbistum Magdeburg jedoch bedeutete die Gründung dieses Erzbistums eine starke Einschränkung der Missionspolitik in östliche Richtung. Magdeburgs unter Otto dem Großen geschaffene exklusive Stellung war nun auch für die Zukunft dahin.

Auch unter dem letzten Ottonenherrscher Heinrich II. gelang die Rückgewinnung der früheren Bedeutung nur zeitweise und nur aufgrund der strategisch guten Lage als Ausgangspunkt für Feldzüge gegen innere und äußere Feinde. Vermehrte Herrscheraufenthalte, die Übertragung von Mauritiusreliquien an den Dom sowie Schenkungen und die Verleihung verschiedener Herrschaftsrechte an die Magdeburger Kirche und die Besetzung des erzbischöflichen Stuhls mit einem Vertrauten des Herrschers, nämlich Erzbischof Tagino, zeigen das gestiegene Interesse Heinrichs II. an Magdeburg.

Metropole des Erzbistums Magdeburg
1024–1240

Reichsferne in salischer Zeit

Nach dem Tod Kaiser Heinrichs II. 1024 geriet Magdeburg für eine geraume Zeit in eine gewisse Reichsferne. Die nun einsetzende Zeit der salischen Herrscher (1024–1125) hatte ihren Herrschaftsmittelpunkt im Südwesten des Reiches. Der Impuls, den die Stadt im ottonischen Zeitalter erhalten hatte, war jedoch so stark, dass ihre Entwicklung sich dennoch kontinuierlich fortsetzte. Die einstige Bautätigkeit hatte sich v. a. auf den Domplatz bezogen, wo neben dem Moritzkloster auch die Kathedrale als Sitz für den Magdeburger Erzbischof errichtet wurde. Jüngere Grabungen im heutigen Bau und auf dem Vorplatz haben noch keine vollständige Klarheit über die Abfolge und die Lage der Bauten zueinander ergeben.

Die Mönche des Moritzklosters mussten nach Gründung des Erzbistums ihren Sitz auf dem Domplatz verlassen und errichteten in einiger Entfernung südlich davon auf einer Erhebung am Westufer der Elbe ihr Johanneskloster, das sich auch aufgrund großzügiger Schenkungen Ottos des Großen im Laufe des Mittelalters zu einer bedeutenden Benediktinerabtei entwickelte, später nur noch »Kloster Berge« genannt.

Dass sich Magdeburg nicht nur zu einem geistlichen Zentrum entwickelte, sondern auch zu einer Handels- und Gewerbestadt, bezeugt die Anfang des 11. Jhs. geschriebene Chronik Thietmar von Merseburgs, in der von einer »ecclesia popularis« (Kirche des Volkes) die Rede ist. Auch in zwei Urkunden Ottos I. 941 und 946 wird je einmal eine »plebeia ecclesia« und eine »ecclesia popularis« erwähnt. Damit könnte die Johanniskirche am Alten Markt gemeint sein, um die herum sich im hohen Mittelalter das bürgerliche Zentrum Magdeburgs entwickelte.

Auch wenn der Aufstieg benachbarter Handelsstädte wie Halle, Halberstadt, Quedlinburg und Braunschweig im 11. Jh.

möglicherweise auf eine Art »räumlicher Rückverlegung des Fernhandels« (Kleinen, S. 55) und damit eine Bedeutungsverminderung Magdeburgs als zentraler Umschlagplatz an der Elbe hinzudeuten scheint, wuchs die Stadtgemeinde in dieser Zeit offenbar kontinuierlich an.

Die Entwicklung Magdeburgs verlief im 11. Jh. offenbar so positiv, dass Brun von Querfurt es in der »Albertsvita« in die Position einer »neuen Hauptstadt der Deutschen« rückte. Wahrscheinlich ist seine Aussage jedoch aus seiner engen Beziehung zu den Ottonen zu verstehen und beschreibt eine Zukunftsperspektive Magdeburgs, die sich zum Zeitpunkt seines Todes 1009 schon erheblich verschlechtert hatte.

Auch das Erzbistum Magdeburg spielte im Laufe des 11. Jhs. keine besondere Rolle mehr in der Herrschaftskonzeption der Salier nach dem Tode Heinrichs II. Die Kaiseraufenthalte in Magdeburg reduzierten sich bei Konrad II. gegenüber dem letzten der ottonischen Herrscher, Heinrich II., von 17 auf vier; Heinrich III., Nachfolger Konrads II., war während seiner zwölfjährigen Herrschaft überhaupt nicht in Magdeburg. Die Aufenthalte Konrads II. standen dabei immer im Zusammenhang mit Feldzügen gegen die Polen und die Liutizen. Als sich die Situation im Mittelelbegebiet Mitte der 1030er-Jahre beruhigte, verlor Magdeburg weiter an Bedeutung. Das galt auch für das Erzbistum, das in dieser Zeit keinen nennenswerten Einfluss auf die Reichspolitik ausüben konnte.

Unter dem Salier Heinrich IV. geriet das Reich in eine sehr unruhige Zeit, die im Investiturstreit und dem berühmten »Gang nach Canossa« des Kaisers 1077 gipfelte. Da diese Krise ganz entscheidend mit der starken Opposition gegen ihn, die v. a. in Sachsen wurzelte, zusammenhing, musste der Magdeburger Erzbischof Werner zwangsläufig involviert werden. Heinrich IV. brachte den sächsischen Adel und die Bauern gegen sich auf, weil er in dem Versuch, königliche Rechte in Sachsen wiederherzustellen, das Land mit einer großen Anzahl von Burgen überzog und diese mit schwäbischen Ministerialen besetzte. Die darauf aufbrechenden Konflikte dauerten fast 15 Jahre an. Werner hatte zunächst ein gutes Verhältnis zum König, was sich nach 1072 in einem Pfingstaufenthalt Heinrichs IV. in Magdeburg äußerte. Bereits 1073 stand der Erzbischof jedoch auf der Seite der aufständischen Sachsen. 1073 flammten die Konflikte auf, als sich Heinrich IV. im Harz aufhielt. Vor den erzürnten sächsischen Fürsten musste der König zunächst in der Harzburg, später im Südharz Zuflucht suchen.

In den folgenden Jahren wurde das Erzbistum von den Kämpfen zwischen dem König und der sächsischen Adelsopposition verschont, da sich Heinrich IV. – ähnlich wie sein Vater Heinrich III. – viel mehr für den Harzraum und hier v. a. für den Bergbau im Rammelsberg bei Goslar interessierte. Erzbischof Werner hielt sich in dieser bewegten Zeit zurück und nahm eher eine ausgleichende Position ein. Er gehörte also nicht zu den Führern des nun ausbrechenden Sachsenaufstandes, wie etwa Graf Otto von Northeim oder Bischof Burchard II. von Halberstadt. 1078 kam Werner im Verlauf der Schlacht bei Mellrichstadt ums Leben. Es war der erste gewaltsame Tod eines Magdeburger Erzbischofs. Er scheint nicht im Kampf gefallen, sondern auf der Flucht erschlagen worden zu sein. Werner hatte auf der Seite Rudolfs von Rheinfelden gegen König Heinrich IV. gekämpft. Auch wenn Rudolf als Sieger aus diesem Konflikt hervorging, beeinflusste dies doch den weiteren Verlauf des Sachsenaufstands nicht nachhaltig. Heinrich war zwar durch den Ausgang des »Ganges nach Canossa« politisch stark geschwächt, aber er konnte die folgenden Jahre glimpflich überstehen. In dem großen Streit zwischen Kirche und Staat war es vordergründig um die Frage gegangen, wer legitimiert war, Bischöfe einzusetzen – Papst oder König. Schließlich waren die Bischöfe ja nicht nur die Träger geistlicher, sondern auch weltlicher Macht. Es ging im Kern also um den Machtkampf zwischen »sacerdotium« und »regnum«, Papstum und Königtum. Der Gegenspieler Heinrichs war dabei Papst Gregor VII., der Große genannt. Dessen Arm war im Kampf mit dem Kaiser lang geworden. Er setzte als Erzbischof von Magdeburg gegen den Willen des Domkapitels Erzbischof Hartwig durch. Heinrich sah das Wirken des Letzteren mit Argwohn, stattete aber 1085 Magdeburg einen Besuch ab, über den wenig überliefert ist, der aber wohl friedlich verlaufen ist.

Im 11. Jh. kam es v. a. in der Zeit Erzbischof Geros zu Klostergründungen. In seiner Zeit wurden die beiden Kollegiatstifte St. Sebastian und St. Marien, das spätere Kloster Unser Lieben Frauen, gegründet. Ersteres ist zunächst als zweite Johanniskirche zwischen 1012 und 1023 gegründet worden, später wurde das Sebastiansstift daraus.

In der Ostpolitik des Erzbistums Magdeburg lässt sich in der 2. Hälfte des 11. Jhs. hingegen keine Aktivität verzeichnen. Am Beginn des 12. Jhs. kann man bei einer kontinuierlichen Weiterentwicklung des Ortes eine starke Bedeutungsreduzierung des Erzbistums feststellen. Man kann sogar von einem »Provinzerzbistum« (Kleinen, S. 59) in jener Zeit sprechen. Einen gewissen Bedeutungszuwachs hat es dagegen in der Herrschaftszeit Erzbischof Adelgots (1107–1119) gegeben. Unter ihm wurde auch der Ort Magdeburg gefördert. So tätigte er eine Stiftung für die Armen. 100 Brote, 100 Maß Getränke und 100 Fische sollten in der Fastenzeit an sie verteilt werden.

Erzbischof Norbert von Xanten

Unter dem Erzbischof Norbert von Xanten (1126–1134), Gründer des Prämonstratenserordens, erlebte das Erzbistum eine bewegte Zeit, und auch über die inzwischen vorhandene Bürgergemeinde ist nun einiges zu erfahren. Die Gründe für sein konfliktreiches achtjähriges Episkopat lagen einerseits in einer Charaktereigenschaft Norberts, die aus den Schriftquellen herausklingt und am besten mit kompromissloser Härte beschrieben wird. Zum anderen war er ein Reformer, der sich bestimmte Ziele gesetzt hatte, die er aufgrund seines Charakters auch stringent versuchte durchzusetzen. Schon seine Einsetzung als Erzbischof von Magdeburg war nicht konfliktfrei verlaufen. Während sich das Domkapitel für Konrad von Querfurt entschieden hatte, favorisierte König Lothar III. den in Europa schon sehr bekannten Norbert von Xanten, dessen Gründung des Prämenstratenserordens im französischen Prémontré am 16. Februar 1126 vom Papst anerkannt worden war. Diese Umstände sowie die offensichtliche Unkenntnis Norberts über die

Magdeburger Verhältnisse hatten erhebliche Verwerfungen zwischen ihm und der Stadt zur Folge. Schon seine Ankunft deutet auf die Kluft zwischen beiden hin: Er soll auf einem Esel in die Stadt geritten sein, wahrscheinlich um seine Demut unter Beweis zu stellen, und wurde von den Wächtern des erzbischöflichen Palastes zurückgewiesen, weil sie in ihm nicht den neuen Erzbischof erkannten.

In den Reihen der Magdeburger Geistlichkeit hatten sich im Laufe der Zeit Gewohnheiten ausgebildet, die ein sittenstrenger neuer Erzbischof wie Norbert nur bekämpfen konnte. So erkannte er schnell die desolate wirtschaftliche Lage des Erzbistums und versuchte die Güter wieder zurückzugewinnen, die unter seinen Vorgängern durch Misswirtschaft verloren gegangen waren. Er scheute auch nicht davor zurück, die Verhängung des Banns als Machtmittel gegen einzelne einzusetzen. Sein Verhältnis zur Geistlichkeit verschlechterte sich zusätzlich, als er das im Investiturstreit geforderte Verbot der Priesterehe durchzusetzen versuchte, indem er die Geistlichen zwang, entweder ihre Ehen aufzuheben oder ihre kirchlichen Pfründe aufzugeben. Zu regelrechten Unruhen kam es 1129, als er daranging, das Kloster Unser Lieben Frauen von einem Kollegiatstift in ein Prämonstratenserkloster umzuwandeln, um seinen Orden nun auch im Osten des Reiches zu etablieren. In diesem Zusammenhang stehen die schweren Verwerfungen in Magdeburg im Jahr 1129. In der Schöffenchronik steht zu diesem Jahr Folgendes: »Im Jahr 1129 erhob sich ein Krieg unter den Bürgern zu Magdeburg und dem Bischof Norbert. Der kam davon, dass dem Bischof gesagt worden war, dass der Dom mit Unkeuschheit befleckt worden wäre. Darauf sandte er nach dem Bischof von Meißen und dem Bischof von Havelberg und weihte den Dom wieder. So brach ein Sturm los, wie hier geschrieben steht. Das geschah am 30. Juni.« Der Norbertsvita lassen sich die weiteren Geschehnisse entnehmen: »Als sie das Werk vollendet hatten (die Neuweihe des Doms) und noch in ihren heiligen Gewändern waren, wurden draußen ein wildes Geschrei und eine lärmende Menschenmenge vernehmbar. Die ganze Stadt nämlich war in helle Aufregung geraten durch das Gerücht, der Erzbischof habe die Altäre erbrochen, die Schatzkammer eröffnet, Schreine und Behältnisse herausgenommen und für sich beiseite gestellt, und wolle mit allem und mit dem ganzen Kirchenschatz noch in dieser Nacht im Schutz der Dunkelheit entweichen.«

Die Aufständischen bedrohten Norbert und die Kleriker an seiner Seite mit dem Tode, ein Begleiter des Erzbischofs wurde schwer verletzt. Norbert und seine Leute mussten sich in ein nahegelegenes Stadthaus zurückziehen. Später sah er sich gezwungen, nach Halle in die Burg Giebichenstein auszuweichen, wo man ihn aber nicht einließ. Im Kloster Neuwerk in der Nähe der Burg fand er schließlich Zuflucht, woraufhin Vermittlungsgespräche eingeleitet wurden, die am Ende zu einer Versöhnung zwischen ihm und der Magdeburger Adelsopposition führten. Die Norbertsvita schließt mit den Worten: »Das ganze Volk pries Gott wegen der Standhaftigkeit eines solchen Bischofs, der aus so offenkundiger Lebensgefahr ohne Schaden an Leib und Seele unbesiegt hervorgegangen war. Das geschah im 3. Jahr seiner Regierung als Erzbischof. Danach regierte er noch fünf Jahre.« Diese fünf Jahre scheinen relativ konfliktfrei verlaufen zu sein. 1134 starb Norbert, seit 1582 wird er als Heiliger verehrt.

Norbert hat in seinem nur acht Jahre dauernden Episkopat auch einige reichspolitische Wirkung entfaltet, die zu einer Bedeutungserhöhung des Erzbistums Magdeburg führte. Auf sein Betreiben hin stellte sich König Lothar III. nach der umstrittenen Papstwahl von 1130 und dem folgenden achtjährigen Schisma (Kirchenspaltung) auf die Seite von Papst Innozenz II. Er begleitete 1132/33 Lothar auf seinem Italienzug und war bei der Kaiserkrönung in Rom anwesend. Wahrscheinlich aus Dankbarkeit bestätigte Innozenz ihm und seiner Kirche den Anspruch der Metropolitangewalt über alle polnischen Bistümer. Norbert sah sich in diesem Punkt am Ziel seiner Bemühungen, anknüpfend an die frühen Pläne Ottos des Großen, die polnische Kirche dem Magdeburger Erzbistum zu unterstellen. Dass diese Überhöhung der Magdeburger Kirche von nur kurzer Dauer war, ergibt sich aus dem Umstand, dass derselbe Papst nach dem Tod Norberts die Selbständigkeit der polnischen Kirche anerkannte. Zu einer Wiederherstellung der

Ansprüche der Magdeburger Kirche gegenüber der polnischen Kirche ist es auch später nicht mehr gekommen.

In den Jahren und Jahrzehnten nach 1129 wurden von Magdeburg aus mehr als ein Dutzend Prämonstratenserklöster gegründet, was der Stadt auch zum Beinamen »Prémontré des Ostens« verhalf.

Das Erzbistum im welfisch-staufischen Konflikt

Nach dem Tod Norberts folgten die Episkopate unter den Erzbischöfen Konrad und Friedrich von Wettin, in denen sich das Erzbistum im ausbrechenden welfisch-staufischen Gegensatz und in einer wieder aktiven Ostpolitik des Reiches neu orientieren musste. Im welfisch-staufischen Konflikt, der nach dem Tod Kaiser Lothars 1137 im Thronstreit zwischen dem Staufer Konrad und dem Welfen Heinrich dem Stolzen aufbrach, nahm Erzbischof Konrad eher die welfische Position ein.

Zu einer Neupositionierung des Magdeburger Erzbistums kam es unter Erzbischof Friedrich, der sich um ein gutes Verhältnis zu Konrad III. bemühte. Das mit dem König gemeinsam gefeierte Weihnachtsfest 1144 in Magdeburg begründete ein bis in die Mitte des 13. Jhs. anhaltend enges Verhältnis des Magdeburger Erzbistums zum staufischen Königshaus.

Auch an der Außenpolitik des Reichs beteiligte sich Erzbischof Friedrich aktiver als sein Vorgänger, indem er am Wendenkreuzzug von 1147 teilnahm, der unter der Führung Albrechts des Bären in Magdeburg seinen Ausgang nahm, während der andere Teil des Kreuzritterheeres unter der Führung Heinrichs des Löwen stand und in nördlicher Richtung aufbrach. Der Kreuzzug richtete sich gegen die Elbslawen und stand unter der von Bernhard von Clairvaux ausgegebenen Devise »Tod oder Taufe«, was aber wissenschaftlich inzwischen angezweifelt wird. Etwa drei Monate dauerte der quellenmäßig schlecht überlieferte Kreuzzug, der zunächst kaum konkrete Ergebnisse hervorbrachte. In der Folge hatte diese Machtdemonstration Heinrichs des Löwen und Albrechts des Bären hingegen gewisse Wirkungen: Die Bistümer in Havelberg und

Brandenburg konnten wiederhergestellt werden, die seit Ende des 10. Jhs. unruhige Ostgrenze wurde befriedet und die Bildung eines Staates der Elbslawen verhindert. Gerade für die weitere Entwicklung des Erzbistums und des Ortes Magdeburg waren diese Resultate sehr förderlich.

Aufstieg der Stadt und Wurzeln des Magdeburger Rechts

Die 40 Jahre des Episkopats Erzbischof Wichmanns (1152–1192) gelten zu Recht als eine Schlüsselzeit für das Erzbistum und sein wirtschaftliches und geistliches Zentrum Magdeburg. In diese Ära fällt die Stadtrechtsverleihung, auch wenn die Überlieferung die Benennung eines konkreten Zeitpunkts nicht zulässt. Die Stadtrechtsbesserung von 1188 bildet jedenfalls einen Meilenstein auf dem Weg des Magdeburger Rechts zu einer der großen europäischen Stadtrechtsfamilien.

Der Beginn in Magdeburg war für Wichmann allerdings alles andere als leicht. Nach dem Tod Friedrichs von Wettin im Januar 1152 spaltete sich wie so häufig das Domkapitel, das für die Regelung der Nachfolge zuständig war, in zwei Fraktionen, die jeweils eine eigene Person präferierten. In einer solchen Situation war es üblich, vom König einen Schiedsspruch einzuholen. Der am 4. März 1152 in Frankfurt am Main zum König gewählte Staufer Friedrich I. Barbarossa reagierte schnell und erhob überraschend Bischof Wichmann von Naumburg zum neuen Erzbischof von Magdeburg. An dieser Amtseinsetzung entzündete sich aus unterschiedlichen Gründen ein nicht unerheblicher Konflikt. Der Papst weigerte sich zwei Jahre lang, die Besetzung des Magdeburger Bischofsstuhls durch Wichmann anzuerkennen, da einerseits der sich lang hinziehende Investiturstreit zwischen Papst und Kaiser zwar im wesentlichen beigelegt war, die Befugnis zur Investitur (Einsetzung) von Bischöfen aber nicht bis ins letzte Detail geklärt war; zudem galt es kirchenrechtlich als unzulässig, einen Bischof von einem in ein anderes Bistum zu versetzen.

Der Papst verweigerte Wichmann bis 1154 die Überreichung des Palliums und damit die Weihe zum Erzbischof. Erst

Pilgerzeichen mit den Heiligen Drei Königen, 2. Hälfte 12. Jh.

Ende April/Anfang Mai 1154 erhielt er bei einer Romreise die Weihe durch den Papst. Die mit großer Wahrscheinlichkeit in Magdeburg hergestellte sogenannte Nowgoroder Bronzetür kann deshalb recht exakt auf die Jahre 1152 bis 1154 datiert werden, weil der dort abgebildete Wichmann als »episcopus«, also als Bischof, und nicht als »archiepiscopus«, also Erzbischof, bezeichnet wird. Im Dom befindet sich die bronzene Grabplatte Wichmanns, und in jüngerer Zeit hat man sein unversehrt gebliebenes Grab ebendort öffnen können.

Wichmanns Herrschaft als Erzbischof war für Magdeburg, das durch die Verleihung des entsprechenden Rechts zur Stadt wurde, eine Aufbruchszeit. Wann dies genau geschah, ist nicht überliefert.

In der Zeit Wichmanns wurde das Erzbistum in seiner Bedeutung erheblich gestärkt, da er als ein Vertrauter Kaiser Friedrich Barbarossas eng in die Reichspolitik des Staufers eingebunden war. In einem spannungsreichen Verhältnis hingegen stand Wichmann zu dem mächtigen Nachbarn im Westen seines Erzstiftes, Herzog Heinrich dem Löwen. Dennoch machte der Welfenherzog ihn zum Statthalter im Herzogtum Sachsen während seiner etwa einjährigen Jerusalemfahrt 1172/73.

Reichspolitisch stand Wichmann auf der Höhe seines Einflusses, als er maßgeblich am Friedensschluss von Venedig 1177

MAGDEBURGER RECHT

Das Magdeburger Recht entwickelte sich von der Wichmann-Zeit an zu einem der größten Exportschlager des hohen und späten Mittelalters. Es begründete mit ca. 1000 Städten die größte Stadtrechtsfamilie Mitteleuropas. Im 15. Jh. erlebte es seine größte Verbreitung.

Das Magdeburger Recht stellt von seinem Ursprung her eine Verbindung von Kaufmanns- und Marktrecht dar. Ersteres als personales Recht der Kaufleute sowie Letzteres als Sonderrecht für einen begrenzten Bereich bildeten die entscheidenden Wurzeln für das sich entwickelnde Stadtrecht, das für alle Bewohner Gültigkeit erhielt. Zwischen 1220 und 1235 entstand der berühmte Sachsenspiegel Eike von Repgows, das wichtigste Rechtsbuch des deutschsprachigen Raums im Mittelalter, das sich mit dem Land- und Lehnrecht befasst. Offenbar waren viele der darin enthaltenen Regelungen auch auf das Stadtrecht anwendbar, denn die Mitglieder des Magdeburger Schöffenstuhls beriefen sich in ihren Sprüchen (Rechtsmitteilungen) vom ausgehenden 13. Jh. bis ins 16. Jh. hinein auf Texte des Sachsenspiegels.

Im Verbreitungsgebiet des Magdeburger Rechts, das sich bis nach Kiew und Minsk erstreckte, bildeten sich sogenannte Oberhöfe heraus, die maßgebliche Spruchkammer saß aber mit dem Schöffenstuhl in Magdeburg.

zwischen dem Kaiser und Papst Alexander III. beteiligt war. In dem in dieser Zeit wieder aufbrechenden staufisch-welfischen Konflikt stellte er sich klar auf die Seite des staufischen Kaisers Friedrich I. und war damit am Sturz Heinrichs des Löwen 1180 beteiligt.

Innenpolitisch war die Wichmann-Zeit durch einen kontinuierlichen Landesausbau seines Erzstiftes und die Einführung der zweimaligen Münzverrufung im Jahr gekennzeichnet, die stattliche zusätzliche Steuereinnahmen brachten: Zweimal im Jahr wurden alle Münzen eingezogen und neue in Umlauf gebracht. Für vier alte Münzen erhielt man dabei drei neue. Eine aktive Geldbeschaffungspolitik war für Wichmann auch wegen seiner aufwendigen Hofhaltung und seiner Kolonisierungspolitik notwendig. 1182 musste er sogar zwei goldene Kelche und zwei silberne Kandelaber im Wert von 910 Mark Silber aus dem Domschatz verkaufen.

Weihnachtshoftag 1199: Walther von der Vogelweide in Magdeburg

1192 starb Wichmann nach 40-jähriger Amtszeit. Neuer Erzbischof wurde Ludolf, der sich im Großen und Ganzen in dem durch Wichmann vorgezeichneten Rahmen bewegte, was v. a. die Parteinahme für die staufische Seite anging. Die Parteinahme war durch den frühen Tod Kaiser Heinrichs VI. 1197 gefragt, da der staufisch-welfische Gegensatz sich an der Nachfolgefrage neu entzündete. 1198 kam es zur Doppelwahl Philipps von Schwaben und Ottos von Braunschweig. Bis zum Tode des Ersteren 1208 spaltete das Doppelkönigtum das Land. In dieser Situation ergriff Ludolf nun klar Partei für die staufische Seite und ermöglichte Philipp mit dem Weihnachtshoftag von 1199 in Magdeburg, also ganz in der Nähe des welfischen Braunschweig, eine glänzende Demonstration seiner Herrschaft.

Der Einzug Philipps und seiner Gemahlin in den Magdeburger Dom wurde von dem dort anwesenden Minnedichter Walther von der Vogelweide mit einem berühmten Lied, »Magdeburger Weihnacht«, besungen. Wahrscheinlich wurde auf diesem Hoftag der von Ludolf unterstützte Zug Philipps nach Braunschweig im folgenden Sommer beschlossen. Die – allerdings erfolglose – Belagerung im Jahr 1200 sollte in dem Gebiet zwischen Braunschweig und Magdeburg erhebliche kriegerische Handlungen nach sich ziehen. Als staufische Bastion in der Nähe Braunschweigs gelegen, wurde das Erzbistum Magdeburg gravierend in den neu entflammten welfisch-staufischen Konflikt einbezogen.

Grundsteinlegung des Doms 1209

Philipp setzte als Nachfolger des 1205 verstorbenen Ludolf Albrecht II. von Käfernburg ein, der in Paris studiert hatte und hochgebildet war. Der neue Erzbischof führte den prostaufischen Kurs seiner Vorgänger fort. Nach der Ermordung Philipps 1208 fiel Otto IV. die Alleinherrschaft in Deutschland zu. Die Bemühungen des Welfen, den Magdeburger Metropoliten für sich zu gewinnen, waren von Erfolg gekrönt: Sie mündeten nach Einstellung der Kriegshandlungen in Gespräche ein, die mit der Anerkennung Ottos als alleiniges Reichsoberhaupt durch Albrecht II. endeten. Als Gegenleistung sagte der Welfe u. a. die Förderung des Reichs für den Neubau des Magdeburger Doms zu, der am Karfreitag des Jahres 1207 bei einem verheerenden Stadtbrand erheblich in Mitleidenschaft gezogen worden war. Im Sommer 1208 erklärte Otto IV.: »Im Übrigen werden wir die Errichtung der Magdeburger Kirche dem Plane des Erzbischofs gemäß fördern.« Die Magdeburger Schöffenchronik berichtet über den Stadtbrand, der sich unmittelbar nach Albrechts Rückkehr aus Rom ereignete, wo er vom Papst das Pallium erhalten hatte: »Am Karfreitag gegen Mittag, als man das Kreuz verehrte, erhob sich auf dem Breiten Weg ein Feuer, und die Flammen flogen auf den Dom und verbrannten das Münster, die Türme, den Remter und die Klausur und auch den Marstall größtenteils und alle Glocken fielen herunter bis auf eine kleine.«

Der romanische Dom, dessen Bau auf eine Gründung Ottos des Großen in der Mitte des 10. Jhs. zurückging, war zerstört. Albrecht II., der in Paris die Gotik kennengelernt hatte, nutzte die Brandkatastrophe, um gegen starken Widerstand aus dem Domkapitel den ersten gotischen Kathedralbau auf deutschem Boden zu initiieren. Im April 1209 wurde der Grundstein gelegt. Die Errichtung des mächtigen Bauwerks zog sich mehrere Jahrhunderte hin. Papst Innozenz III. rief 1215 zur Unterstützung des Neubaus auf. Benutzbar war der Dom – in eingeschränktem Maße – ab 1234, 1363 wurde das Langhaus geweiht, 1520 die Doppelturmanlage fertiggestellt.

Die Jahre nach 1208 brachten für das Erzbistum Magdeburg noch nicht den Frieden. Zwar wurde Otto IV. 1209 in Rom zum Kaiser gekrönt, aber schon ein Jahr danach geriet er in Konflikt mit dem Papst und in der Folge auch mit Erzbischof Albrecht von Magdeburg. Die Kämpfe nahmen ein solches

HINTERGRUND

MAGDEBURGER BRONZEGUSS
Unter Erzbischof Wichmann war der Magdeburger Bronzeguss auf ein sehr hohes Niveau gehoben worden; Spitzenwerke dieser Kunstgattung entstanden, unter denen die beiden Grabplatten Friedrichs von Wettin und Wichmanns im Magdeburger Dom, die den Brand von 1207 überstanden hatten und in die neue Kathedrale integriert wurden, und die berühmte Nowgoroder Tür hervorragen. Ein Nachkriegsbodenfund in Magdeburg, der ein bronzenes Aquamanile (Handwaschgerät) in Form eines Löwen zum Vorschein brachte, datiert ins späte 12. Jh. und gibt einen deutlichen Hinweis darauf, dass in Magdeburg auch Kleinbronzen entstanden. Inzwischen wird eine ganze Reihe von hochrangigen Bronzen aus dem 12./13. Jh., die sich heute in europäischen und amerikanischen Sammlungen befinden, in Magdeburg lokalisiert, darunter der »Schreiber-Mönch« im Metropolitan Museum in New York oder die »reitende Superbia« im Louvre in Paris.

Ausmaß an, dass die Lauterberger Chronik folgenden damals kursierenden Spruch wiedergibt: »Ein Kaiser Otto und ein Erzbischof Adalbert haben das Erzbistum Magdeburg gegründet, ein Kaiser Otto und ein Erzbischof Adalbert haben es wieder zerstört« (zitiert nach Wolter, S. 29). Tatsächlich herrschte zwischen dem Kaiser und dem Erzbischof bis 1218 fast permanent Krieg. Erst mit dem Tod Ottos IV. am 19. Mai 1218 endeten diese Auseinandersetzungen.

Kulturelle Blüte im 13. Jahrhundert

Die kulturelle Blüte Magdeburgs, die unter Wichmann in der zweiten Hälfte des 12. Jhs. begonnen hatte, entwickelte sich unter Erzbischof Albrecht nach dem Ende der Auseinandersetzungen mit dem Welfenkaiser weiter.

Als erster gotischer Kathedralbau in Deutschland beansprucht der Magdeburger Dom einen hervorragenden Rang in der europäischen Kirchenarchitektur. Im Zusammenhang mit dem Baubeginn im 13. Jh. steht die Entwicklung der monumentalen Steinplastik in Magdeburg, die in der ersten Hälfte

Löwenaquamanile, Detailaufnahme, 2. Hälfte 12 Jh.

des 13. Jhs. einen Höhepunkt erreichte. In dieser Zeit entstanden u. a. die berühmte Paradiesvorhalle mit den klugen und den törichten Jungfrauen, das himmlische Brautpaar, der hl. Mauritius und die hl. Katharina.

In diesem Kontext ist auch die Aufstellung des Magdeburger Reiters mit seinem beiden Begleitfiguren hervorzuheben. Dieses erste alleinstehende Reiterdenkmal nördlich der Alpen, um 1240 auf dem Alten Markt mit Blick auf das entstehende Rathaus der Stadt, also den Ort der städtischen Selbstverwaltung, aufgestellt, könnte in Zusammenhang mit dem sich in dieser Zeit konstituierenden Rat stehen. Als Initiator kommt nur der Magdeburger Erzbischof infrage, da der Rat, der sich nachweislich erst 1244 gebildet hat, in dieser Zeit noch nicht über die institutionelle Kraft verfügte, ein derartig hochrangi-

Der Magdeburger Reiter mit den beiden Begleitfiguren, die das Heilige Römische Reich symbolisieren, Sandstein, um 1240, im Kulturhistorischen Museum

ges Kunstwerk in Auftrag zu geben. Außerdem waren mit Sicherheit nur die im Zusammenhang mit der Dombauhütte beschäftigten Steinmetze und Künstler in der Lage, den Reiter zu schaffen, und diese Dombauhütte unterstand dem Erzbischof. Mit der Darstellung eines Kaisers in herrscherlicher Geste hoch zu Ross, mit dem aus Plausibilitätsgründen nur Otto der Große gemeint sein kann, könnte eine dauerhafte Mahnung, zumindest aber eine Erinnerung daran, dass Kaiser Otto der Große den Erzbischof zum Landesherrn und damit auch Stadtherrn Magdeburgs bestimmt hatte, verbunden sein.

Das 13. Jh., besonders das erste Drittel, war in Magdeburg insgesamt von großem Aufschwung geprägt: »Die ganze Regierung des Erzbischofs Albrecht II. (1205–1232) stellt sich dar als eine Ära reicher neuer Stiftungen und Gründungen, davon

MECHTHILD VON MAGDEBURG

Mechthild von Magdeburg wurde um 1207 in der weiteren Umgebung Magdeburgs geboren und starb um 1282 im Kloster Helfta bei Eisleben. Im Alter von 20 Jahren zog sie wahrscheinlich nach Magdeburg und lebte hier ca. 40 Jahre als Begine, d. h. als Angehörige einer christlichen Gemeinschaft, die kein Ordensgelübde ablegt und nicht in Klausur lebt. Hier schrieb sie ihr Werk »Das fließende Licht der Gottheit«, das sich nicht im mittelniederdeutschen Original, aber in einer oberdeutschen Übertragung des 14. Jhs. erhalten hat. In sechs Kapiteln befasst sich diese Schrift, die als ein Hauptwerk der mittelalterlichen Frauenmystik gilt, mit der Einheitserfahrung mit Gott sowie mit Einsichten über Gott, die Menschheit und die Kirche. Kritische Äußerungen über das Ordensleben und den Zustand der Kirche in ihrer Zeit führten möglicherweise dazu, dass sie aus der erzbischöflichen Metropole Magdeburg in das Zisterzienserinnenkloster Helfta ging, wo sie die letzten zwölf Jahre ihres Lebens verbrachte und den sechs Kapiteln ihres Buches noch ein siebtes hinzufügte.

Bis ins 19. Jh. hinein war Mechthild in Vergessenheit geraten, bis ihr Buch veröffentlicht wurde. In den letzten Jahrzehnten hat die Beschäftigung der in der Nachfolge Hildegards von Bingen stehenden Mechthild von Magdeburg dazu geführt, dass sie als »Ikone der Frauenmystik und Minnesängerin Gottes« bezeichnet wird.

zeugen das Kloster St. Laurentii in der Neustadt (1209), das Franzikanerkloster, zuerst (1225) in der Neustadt verlegt, dann (um 1230) nach der Altstadt verlegt, das [...] Paulinerkloster der Dominikaner (1224/25), das Stift St. Petri und Pauli, begründet noch zu Erzbischof Ludolfs Zeiten im Flecken St. Michael, von Erzbischof Albrecht nach der Neustadt verlegt (1228/29), das Kloster der Büßerinnen Beatae Mariae Magdalenen (1230) und das Agnetenkloster in der Neustadt (ca. 1230). [...] Dazu die Hospitäler, die Kapellen und die Altäre in den Kirchen ...« (Möllenberg, S. 64).

In der ersten Hälfte des 13. Jhs. vollzog sich in Magdeburg, wie ganz allgemein in den deutschen Städten von Bedeutung, die Etablierung der Stadträte. Der Erzbischof verlor in diesem Entwicklungsprozess fast vollständig seine Stadtherrenfunktion, ohne dass diese Position formal zu irgendeinem Zeitpunkt von seinen Seiten aufgegeben worden wäre. Damit entwickelte sich im 13. Jh. ein Dualismus zwischen dem Erzbischof und dem von ihm weitgehend unabhängigen Rat, der zu einer Grundkonstanten in den kommenden Jahrhunderten und zu einer der wesentlichen Triebkräfte magdeburgischer Politik wurde. Es ist aufgrund der dürftigen Quellenlage allerdings nicht einfach, ein genaueres Bild über die Zusammensetzung des Rates und die näheren Modalitäten in der Zeit vor 1330 zu erhalten. In diesem Jahr wurde nach einem überstandenen innerstädtischen Konflikt eine Ratsverfassung geschaffen, deren Struktur wir aufgrund der Überlieferung nachvollziehen können.

Hansestadt zwischen Ratsherrschaft und Bischofsmacht 1240–1524

Der Rat entsteht

1244 ist die Bildung des nun nicht mehr erzbischöflichen, sondern stadtbürgerlichen Rates vollzogen. Dass der Rat sich schon vorher konstituiert haben könnte, ist auf Grundlage des Schwertfegerprivilegs von 1244 nicht auszuschließen, da sie uns nicht die Bildung des Rates an sich mitteilt, sondern die Bestätigung der Innung der Schwertfeger. In dieser Urkunde ist erstmalig von »Consules«, Ratsherren, die Rede.

Die entscheidende Phase für die Herausbildung des Rates scheint die Zeit unter Erzbischof Wilbrand (1232–1244) gewesen zu sein: Sie wurde offenbar durch einen Konflikt zwischen der Stadt und Wilbrand 1238 forciert, in dem die Magdeburger Bürger das erzbischöfliche Schloss im nahen Biederitz zerstörten. Dass Wilbrand am 10. Januar 1240 die Rechte der Stadt bestätigte, spricht dafür, dass diese als Siegerin aus dem Streit um eine umstrittene Dompropstwahl hervorging.

Doch Magdeburg partizipierte nicht nur in politischer Hinsicht an der in Mitteleuropa im 13. Jh. allgemein zu beachtenden Aufschwungphase. »Man kann den Beginn des 14. Jhs. als Abschluss der mittelalterlichen Wirtschaftsexpansion betrachten. Bis dahin nehmen wir auf allen Gebieten gleichmäßige Fortschritte wahr. Befreiung der ländlichen Bevölkerung, Rodung, Trockenlegen, Besiedlung, deutliche Kolonisation jenseits der Elbe, all dies geht gleichzeitig vor sich. Der Aufschwung des Gewerbes und des Handels hat Form und Wesen der Gesellschaft tiefgehend verändert ... Die Bevölkerungsvermehrung ist ein unbestreitbares Zeichen der wirtschaftlichen Kraft und Prosperität« (Pirenne, S. 184).

Magdeburg wird Hansestadt

In Magdeburg intensivierte sich im Laufe des 13. Jhs. auch der Fernhandel, der die Basis für das Hineinwachsen in die Hanse bildete. Die Ausrichtung des Handels kann man in Umrissen erkennen: Früh, d. h. im 12. Jh. bereits, waren Magdeburger Kaufleute in Flandern tätig, um dort feine Laken für den Gewandschnitt in der Heimat zu erwerben. Der Export umfasste Lederwaren, gröbere Laken und v. a. Getreide aus der fruchtbaren Magdeburger Börde.

In der Mitte des 13. Jhs., genauer im Jahr 1254, werden Magdeburger Kaufleute zum ersten Mal in einer Urkunde genannt, die nicht nur ihre Handelstätigkeit nachweist, sondern auch zu den Bausteinen der entstehenden Hanse gerechnet werden kann. In dem Privileg der holsteinischen Grafen Johann I. und Gerhard I. wurde den Kaufleuten aus Braunschweig, Magdeburg und den umliegenden Städten der Zoll in Hamburg ermäßigt und eine Frist von 40 Tagen zum Abzug eingeräumt im Falle eines Konfliktes zwischen dem Herzog von Braunschweig und dem Grafen von Holstein.

Zwischen 1280 und 1282 ist Magdeburg bei der Verlegung der Handelsvertretung der deutschen Kaufleute von Brügge nach Aardenburg, die aus einem Konflikt zwischen den deutschen Kaufleuten und Brügge resultierte, unter den von Lübeck befragten Städten, die sich für die Verlegung aussprechen. 1294/95 wurde der Oberhof für das hansische Kontor in Nowgorod von Visby nach Lübeck verlegt. Unter den Hansestädten, die für diese neuerliche Verlegung um ihre Meinung gefragt wurden und für Lübeck stimmten, befand sich auch Magdeburg. Die Städte, die in diesem Zusammenhang genannt werden, gelten allgemein als Hansestädte. Magdeburg allerdings gehört zu den Städten, die von Anfang an in die Hanse hineingewachsen sind. Wann der Beginn der Hanse zu datieren ist, hängt wegen einer fehlenden Gründungsurkunde von den Kriterien ab, die man anwendet.

Erster innerstädtischer Konflikt 1293/95

Am Ende des 13. Jhs. fand die erste innerstädtische Unruhe in Magdeburg statt. In der 2. Hälfte des Jahrhunderts hatten sich die sozialen und wirtschaftlichen Ausdifferenzierungsprozesse in den mitteleuropäischen Städten beschleunigt, die Spannungen zwischen den verschiedenen Gruppen in den Städten nahmen zu und entluden sich in Konflikten, die in der Regel innerstädtische Ursachen hatten, aber nicht selten durch Einflussnahme von außen in ihrem Verlauf verändert wurden.

Im Falle der ersten Magdeburger Unruhe, die sich zwischen 1293 und 1295 ereignete, handelte es sich um einen Vorgang, der sich aus einer speziellen Magdeburger Verfassungssituation ergab. Im Grunde ging es dabei um das Zurückdrängen des erzbischöflichen Einflusses in der Stadt. Im 13. Jh. hatte sich der Schöffenstuhl als oberste Spruchkammer des Magdeburger Rechts herausgebildet. Die Schöffen wurden vom Erzbischof bestimmt, bildeten in Doppelfunktion die Hälfte des Stadtrates und hatten daher erheblichen Einfluss auf die Kommunalpolitik. Am Ende des Konfliktes einigte man sich auf die Trennung von Rat und Schöffen.

Die Einigung von 1295 hatte allerdings noch ein blutiges Nachspiel. Die fünf Innungsmeister der Händler, Krämer, Kürschner, Gerber und Leinwandschneider, von denen der Konflikt wohl in erster Linie ausgegangen war, wurden 1301 oder 1302 zur öffentlichen Abschreckung auf dem Alten Markt bei lebendigen Leibe verbrannt. Da allerdings nur die erzbischöfliche Chronik davon berichtet, während andere Schriftquellen schweigen, kann diese Hinrichtung auch eine Erfindung der Chronisten sein, die Nachahmer abschrecken sollte.

Trotz des grausamen Ausganges sollte dieser erste Stadtkonflikt nicht der letzte in der mittelalterlichen Geschichte Magdeburgs sein. Schon 1306 entzündete sich der nächste Streit zwischen Stadt und Erzbischof. Es ging um die Schlüsselgewalt für die Herrenpforte, über die man von Süden Zugang zur Altstadt erhielt. In diesem Schlüsselstreit, der bereits vor 1306 aufgebrochen war und sich wie ein roter Faden durch die spätmittelalterliche Geschichte der Stadt zog, kam fast symbolhaft der Kampf um die Macht zum Ausdruck.

Der Bischofsmord von 1325

Mit der Wahl Burchards III. als neuer Erzbischof von Magdeburg 1307 begann eine äußerst konfliktreiche Zeit, die durch dessen gewaltsamen Tod 1325 endete. Der neue Erzbischof betrieb von Anfang an einen intensiven Ausbau seiner Landesherrschaft, was ihn mit den inzwischen quasi freien Städten im Erzstift, v. a. Halle und Magdeburg, fast zwangsläufig in einen Gegensatz bringen musste.

Der erste große Konflikt zwischen Magdeburg und Burchard wurde 1309 durch einen umfangreichen Vertrag beigelegt. Es war um Steuererhöhungen von Seiten des Erzbischofs und um dessen Versuch, das sogenannte Bärmeamt wieder unter seine Hoheit zu bringen, gegangen. Die Bierbrauer in Magdeburg sollten so gezwungen werden, ihre zur Bierherstellung notwendige Hefe (= Bärme) wieder im erzbischöflichen Amt zu kaufen. Der Vertrag bestätigte gegen die Zahlung erheblicher Summen Geldes an den Erzbischof die alten Rechte der Stadt im Wesentlichen. Innerhalb des viele Punkte umfassenden Vertrages ist besonders die Freigabe der Kornverschiffung und die Bestimmung, diese nur von der Altstadt aus betreiben zu können, bemerkenswert, da hier das Magdeburger Stapelrecht im Mittelalter möglicherweise seinen Ausgang genommen hat.

Erzbischof Burchard hielt sich jedoch nicht lange an den Vertrag, was den Gegensatz zwischen Stadtherrn und Stadt wieder wachsen ließ. Dieses Mal nahmen die Magdeburger im Jahr 1313 ihren Herrn gefangen und ließen ihn erst nach dreieinhalb Wochen wieder frei. Der Erzbischof rächte sich sofort und begann kurze Zeit später – allerdings ohne Erfolg –, die Stadt zu belagern. Nach langen Verhandlungen schlossen beide Parteien 1315 einen Friedensvertrag. Doch auch in den nächsten Jahren blieb die Situation angespannt.

Im August 1323 sicherten sich Magdeburg und der deutsche König Ludwig der Bayer gegenseitige Hilfe gegen alle Feinde zu, und die Stadt ließ sich alle Freiheiten und Privilegien, die ihr von den Königen und Kaisern bewilligt worden waren, bestätigen.

Am 5. Februar 1324 verbündeten sich die Städte Magdeburg und Halle, um ihr Recht zu wahren und der »Gewalt und dem Unrecht« zu trotzen. Auf die bedrohlich gewordene Lage reagierte die Stadt also mit einer intensivierten Bündnispolitik. Bereits 1315 hatte sie nach der Beilegung des Streites mit Burchard ein Bündnis mit Halberstadt geschlossen.

1325 eskalierte die Auseinandersetzung zwischen der Stadt und ihrem Erzbischof erneut: Ende August wurde er von Magdeburger Bürgern in seinem eigenen Palast gefangengenommen, am 21. September wurde er in den Ratskeller geführt, der zu der Zeit als Gefängnis genutzt wurde, wo er von einer Gruppe von Ratsherren aus Magdeburg, Calbe und Halle mit einem Knüppel oder einer Keule erschlagen wurde.

Diese »schändliche Tat« wurde monatelang vertuscht, erst ein Jahr später tauchte der Leichnam Burchards aus dem Sand des Ratskellers wieder auf. Der Papst verhängte über die Stadt das Interdikt, also den Kirchenbann, und auch von König Ludwig wurde die Stadt in Acht und Bann getan. Magdeburg geriet nun in eine sehr schwierige Lage. Die für diese Zeit typischen sozialen und politischen Konflikte verschärften sich innerhalb der Bürgerschaft. 1330 entluden sich diese Spannungen in einer Auseinandersetzung zwischen den Bürgern und dem Rat. Erst 1349 erhielt Magdeburg nach Erfüllung aller Sühnevorschriften eine völlige Freisprechung vom päpstlichen Bann.

Die Stadtverfassung von 1330

Die Änderung der Stadtverfassung infolge der Unruhe von 1330 brachte eine für die nächsten 300 Jahre tragfähige Verfassung hervor, die erst unter dem Druck der Ereignisse im Vorfeld der Zerstörung Magdeburgs 1631 gravierend verändert werden sollte. Der Konflikt von 1330, der in der städtischen Chronik nicht besonders detailliert überliefert ist, lässt uns dennoch die wesentlichen Ereignisse erkennen, wobei unklar bleibt, ob der damalige Erzbischof Otto von Hessen in diesen Konflikt eingriff oder nicht.

Die Unruhe spielte sich v. a. zwischen dem 1. und 8. Mai 1330 ab. In einer Chronik des 16. Jhs. wird der Aufruhr mit dem Konflikt zwischen den Reichsten der Stadt, die sich v. a. aus den Gewandschneidern und Krämern zusammensetzten, und der Gemeinde begründet. Die 36 Ratsherren werden dabei als diejenigen bezeichnet, die Erzbischof Burchard erschlagen hätten. Dies legt nahe, dass der Bischofsmord von 1325 und seine schwierigen Folgen die eigentliche Ursache für den Aufruhr darstellten. Bereits eine Woche später, am 8. Mai 1330, kam es zur Aussöhnung zwischen den Konfliktparteien. In einem »offenen Brief« bekennen die Schöffen, Ratsherren, Innungsmeister und die Gemeinde, dass die große Not, die Betrübnis und Zwietracht, die zwischen den Bürgern an diesem Tag wegen eines Unglückes geherrscht haben, dadurch beigelegt worden seien, dass die Bürgergemeinde, »arm und reich«, zusammengekommen sei und sich auf einen Vertrag geeinigt habe, der ewig gehalten werden solle.

Die neue Stadtverfassung, die sich aus diesem Vertrag ergab, brach die exklusive Ratsherrschaft der »Reichsten« und führte ein rotierendes Wahlverfahren von 12 Räten ein, die innerhalb von drei Jahren nicht wiedergewählt werden sowie nicht in einem Verwandtschaftsverhältnis 1. Grades zueinander stehen durften und zum großen Teil aus den Innungen gewählt wurden. Auch in diesem Vertrag befand sich ein Passus, der den fünf Jahre zurückliegenden Bischofsmord betraf. 24 der bisherigen 36 Ratsherren sowie fünf Innungsmeister, die der Stadt »Schaden zugefügt hatten«, wurden vom Rat und allen öffentlichen Angelegenheiten ausgeschlossen.

Der »Schwarze Tod« in Magdeburg

Die Jahre nach 1330 waren geprägt von dem Bemühen der Stadt, die Loslösung vom Kirchenbann zu erreichen, was 1349 schließlich gelang. In diese Zeit fällt der erste schwere Pestzug in Europa, der »Schwarze Tod« von 1348/50.

1350 erreichte die Seuche auch Magdeburg. Wie viele Menschen dabei starben, ist nicht mehr feststellbar; andere vergleichbare Städte verloren 30 bis 40 % ihrer Bevölkerung. Eine Magdeburger Chronik aus dem 16. Jh. berichtet darüber: »Umb diese Zeit (1350) hat eine sehr große Pestilenz fast durch die ganze Welt gewütet und weil die Juden beschuldigt wurden als sollten sie die Brunnen vergifftet und solch sterben dadurch erreget haben seind sie allenthalben verfolgt verbrant und heuffig umbgebracht worden ... Allhie zu Magdeburgk hat man diese Zeit alle tage die todten mit einem wagen und zweyen karren ausgeführet gen Rottersdorf da man zwo grosse gruben gemachet darein man die todten geleget hat.« (Rottersdorf, das später, im 16. Jh., wüst fiel, lag südlich der damaligen Sudenburg.) Da es in vielen Städten wegen der großen Pest Judenverfolgungen gab, spricht man heute im Zusammenhang mit dem »Schwarzen Tod« von 1348/50 vom ersten Judenpogrom in Mitteleuropa.

Doch die Bedrohung der Städte kam in diesen Tagen nicht nur von der Pest, sondern auch von den Fehden, mit denen der umliegende Adel die Städte überzog, da diese von der Seuche in besonderer Weise betroffen worden waren und stark geschwächt schienen. Als Reaktion darauf schlossen Braunschweig, Helmstedt, Goslar, Magdeburg, Halberstadt, Quedlinburg und Aschersleben 1351 einen dreijährigen Hilfs- und Schutzvertrag gegen sämtliche »Verunrechtungen«.

1355 wurden Magdeburg alle Privilegien, Freiheiten und Gewohnheiten, die ihm von den »Heiligen Römischen Kaisern und Königen«, »unsern vorfahren«, zuerkannt worden waren, durch Kaiser Karl IV., der die Stadt im Juni 1377 mehrere Tage besuchte, bestätigt. Damit hatte Magdeburg endgültig die Folgen des Mordes an Erzbischof Burchard III. überwunden, war aber nicht zur freien Reichstadt aufgestiegen, was man zeitweilig anstrebte.

Mitglied im Sächsischen Städtebund und in der Hanse

Von der Mitte des 14. Jhs. an erstarkte die Bürger- und Hansestadt Magdeburg scheinbar unaufhaltsam. In dem Maße, in dem die Stadt immer selbstbewusster und wohlhabender wurde, entwickelte sich der Dualismus zwischen der sich immer autonomer entwickelnden Stadt und dem Erzbischof, der ja in Magdeburg seinen Sitz hatte und nicht nur geistlicher Oberhirte des Erzbistums war, sondern zugleich auch weltlicher Landsherr des Erzstiftes. Im weiteren Verlauf des 14. Jhs. blieb Magdeburg von größeren Konflikten mit ihm verschont. Vielleicht wirkte der Bischofsmord von 1325, der ja am Ende doch ans Licht kam, noch längere Zeit nach. In einem eher kleineren Konflikt mit Erzbischof Dietrich offenbarte sich das gestiegene Selbstbewusstsein der Stadt, als sie ihm, der die Stadt nach alter Sitte für sich reklamierte, 1363 entgegnete: »Dass die Stadt Euer sei, erkennen wir nicht an.«

Die Stadt wuchs nun immer stärker in die entstehende Hanse hinein. 1368 wird sie unter den Hansestädten erwähnt, die vom schwedischen König Handelsprivilegien zugesichert bekamen. Wie verflochten der Handel zwischen den Hansestädten auch im regionalen Rahmen war, zeigte sich im Zusammenhang mit der »Großen Schicht«, einer blutigen Stadtunruhe von 1374 in Braunschweig, die als Reaktion der Hanse den Ausschluss der Stadt von 1375 bis 1380 zur Folge hatte. Keine Hansestadt durfte in diesen Jahren mit Braunschweig Handel treiben. Eine Reihe von Städten wie etwa Hildesheim oder Lüneburg unterliefen diesen Boykott, und auch Magdeburg musste sich 1378 von der Hanse mahnen lassen, den Handelsboykott einzuhalten.

Nach Ende der »Großen Schicht« und der Wiederaufnahme Braunschweigs in die Hanse intensivierten sich die Bemühungen der Städte zwischen Weser und Elbe, genannt die sächsischen Städte, sich in Bündnissen zusammenzuschließen, um den Handel zwischen einander sicherer zu machen und die Stadt- und Landesherren davon abzuhalten, ihre Versuche, die Freiheit und Autonomie der Städte zu beschneiden, weiter zu intensivieren.

Unter der Führung von Braunschweig und Magdeburg wurde der Sächsische Städtebund der stabilste und schlagkräftigste Regionalbund im Hanseraum im 15. Jh. Ein umfassendes Bild über die Magdeburger Handelsstrukturen zur Hansezeit lässt sich aufgrund der großen Archivverluste von 1631 nicht gewinnen, doch gewisse Schwerpunkte kann man doch erkennen: So waren schon recht früh Flandern, v. a. wegen des Tuchhandels, sowie Nowgorod und Bergen wichtige Handelspartner. Aus einer Nachricht aus dem Jahr 1425 können wir entnehmen, dass sich die Magdeburger Kaufleute in vier Gruppen aufteilten: Flandern-, Lübeck-, Preußen- und Breslaufahrer.

Die Münzunruhe 1401–1403

Anfang des 15. Jhs. kam es erneut zu einem innerstädtischen Aufruhr. Dieser hatte seinen Grund in gravierenden Abwertungen der Magdeburger Münze, dem Moritzpfennig, die vom Erzbischof von Magdeburg, der zugleich Herr über die Münze war, vorgenommen wurden. Die Münzverschlechterungen trafen v. a. die ärmeren Schichten der Stadt, die ausschließlich über die heimische Währung verfügten. Das Heilige Römische Reich Deutscher Nation besaß im 14. und 15. Jh. kein einheitliches Münzsystem. Beinahe jedes Territorium, ja beinahe jede Stadt prägte eine eigene Münze. Im 15. Jh. haben viele Münzherren durch Verschlechterung ihrer Münzen versucht, ihren Gewinn zu steigern. So kam es nicht nur in Magdeburg, sondern auch in einer Reihe anderer Städte deshalb zu Protesten und Revolten.

Die Wut der Magdeburger Bürger richtete sich v. a. gegen den Rat, obwohl er nicht die Münzhoheit besaß. Es kam zu Bannerläufen durch die Stadt, die erzbischöfliche Münze auf dem Alten Markt wurde zerstört. Die Bewegung richtete sich schließlich gegen das Rathaus, die Wohnhäuser der »Reichen« und Geistlichen und die Gildehäuser der Gewandschneider, Krämer und Leinwandschneider. Die Unruhe ebbte nach einem Vergleich zwischen Erzbischof und Rat 1403 wieder ab. Blut war während dieser Münzunruhe nicht geflossen.

Krieg mit Erzbischof Günther II. 1430–1435

In den folgenden Jahren beruhigte sich die Situation zwar, aber während der langen Regierungszeit Erzbischof Günthers II.

(1403–1445) spitzte sich der Gegensatz zwischen dem Erzbischof als Stadt- und Landesherr und der nach immer mehr Unabhängigkeit strebenden Stadt Magdeburg weiter zu. Zu einer schweren Fehde zwischen beiden kam es in der Zeit zwischen 1430 und 1435. In den Jahren davor hatte es Magdeburg verstanden, sich im Bündnissystem der sächsischen Städte innerhalb der Hanse nicht nur zu etablieren, sondern mit Braunschweig gemeinsam die Führungsrolle zu übernehmen.

Die Gründe für die am Ende zu einem regelrechten Krieg führenden Spannungen zwischen der Stadt und ihrem Erzbischof erscheinen eher geringfügig, rührten aber an grundsätzlich unterschiedlichen Interessenlagen und hatten deshalb so weit reichende Folgen. Seinen Ausgang nahm dieser Konflikt in der Anfangsphase der Hussitenkriege, genauer im Jahr 1429, als Magdeburg mit der Begründung, Vorsorge für die heraufziehende Gefahr, in die Hussitenkriege hineingezogen zu werden, treffen zu müssen, begann, seine Verteidigungsanlagen besonders in der Nähe des Doms auszubauen. Der Erzbischof und das Domkapitel werteten dies als Eingriff in ihre Territorialrechte, zumal für sie, wie sie meinten, der freie Zugang zur Stadt und zu ihren Höfen dadurch behindert würde. Der Konflikt zog sich von 1430 bis 1435 hin, brachte nach einer Phase der schriftlich ausgetragenen Differenzen und diplomatischen Aktivitäten 1432 eine schwere kriegerische Auseinandersetzung hervor, die durch einen harten Winter 1432/33 in ihren Folgen für die Bevölkerung im Magdeburger Land noch verstärkt wurde, und endete 1435 schließlich in einem für die Stadt günstigen Frieden. Im Ergebnis behielten die Städte des Erzbistums ihre alten Rechte und Privilegien, Magdeburg und Halle, das in diesem Konflikt auf der Seite der Stadt gestanden hatte, wurden von Bann und Reichsacht, die im Verlauf der Fehde über die Städte verhängt worden waren, losgesprochen.

In der zweiten Hälfte des 15. Jhs. führten die Intensivierung des territorialen Landesausbaus und die Verwaltungsdurchdringung in Deutschland allgemein zu einer Vergrößerung des Drucks der Landesherren auf ihre Städte. In der Folge dieser Entwicklung kam es v. a. bei kleineren und mittleren Städten zu massiven Eroberungsversuchen, die im Verständnis der Landesherren Rückeroberungsversuche waren, denn diese hatten ja nie auf den Herrschaftsanspruch ihren Städten gegenüber verzichtet. Auf diese Weise ging bei fast allen Städten im östlichen Teil des Sächsischen Städtebundes ihre de facto vorhandene städtische Autonomie verloren, womit sie auch aus dem Städtebund und der Hanse ausschieden, denn in beiden Systemen konnte man nur Mitglied sein, wenn die Ratsgremien »vulmechtig« waren, also über die Macht und die Befugnis verfügten, für die ganze Stadt zu handeln und Entscheidungen zu treffen.

Konflikt mit Erzbischof Ernst 1486–1497

Magdeburg war am Ende des 15. Jhs. als einzige Stadt im östlichen Teil des Sächsischen Städtebundes noch nicht unterworfen worden, kam aber in der Zeit des Erzbischofs Ernst (1476–1513), der seit 1480 das Bistum Halberstadt mit verwaltete, ebenfalls unter erheblichen Druck. Ernst hatte schon kurz nach seinem Amtsantritt, beraten vom Bischof von Meißen, Johannes von Weißenbach, mit der Unterwerfung Halles 1478 unmissverständlich deutlich gemacht, wie er mit den Hansestädten in seinem Territorium umzugehen gedachte. Halle war allerdings durch einen langwierigen Konflikt zwischen den wohlhabenden »Pfännern«, die über die Salzquellen in der Stadt verfügten, und den »Popularen« geschwächt gewesen. Die Unterwerfung dieser Stadt sowie Aschersleben 1479 und Halberstadts 1486 blieb natürlich auch in Magdeburg nicht ohne Eindruck. Zwar konnte Ernst die mächtigste Stadt seines Erzbistums, gut befestigt und wohlhabend, nicht mit Aussicht auf Erfolg militärisch attackieren. Aber er konnte dennoch versuchen, ihre althergebrachten Rechte und Freiheiten einzuengen, und so begannen schwierige Verhandlungen, die 1486 in einen ungünstigen Vergleich mündeten, in dem die Stadt Ernst unumschränkt als ihren Stadtherrn anerkannte und 8000 Gulden Zahlung an ihn akzeptierte.

Der Versuch Magdeburgs, freie Reichsstadt zu werden, scheiterte in diesen Jahren zum wiederholten Male. Die Streite-

Magdeburg in der Sachsenchronik, 1492. Rechts im Bild Kaiser Otto der Große, links unten das Stadtwappen mit der Magdeburger Jungfrau

reien zwischen Stadt und Erzbischof gingen indes weiter und erreichten zwischen 1494 und 1497 ihren Höhepunkt. Wieder wurde der Konflikt nicht militärisch ausgetragen, sondern mit langen Klageschriften und entsprechenden Erwiderungen. Am 21. Januar 1497 wurde der Zwist durch einen Vertrag beendet, den beide Seiten anerkannten. Die darin vorgenommenen Regelungen betrafen fünf Punkte: 1. Das staatsrechtliche Verhältnis der Altstadt zu Erzbischof und Erzstift, 2. die Gerichtsbarkeit, 3. die öffentlichen Bauten, 4. Marktverkehr, Handel und Gewerbe, 5. Zölle und Wegegeld. Die Vereinbarung machte zusammen mit anderen Entwicklungen deutlich, dass die Entfremdung zwischen dem erzbischöflichen Landesherrn und seinem Sitz, Magdeburg, deutlich zugenommen hatte und die Loslösung des Erzbischofs von seinem 500 Jahre alten Stuhl unaufhaltsam voranschritt.

Bereits kurz nach der Unterwerfung Halles hatte Erzbischof Ernst mit dem Bau eines Stadtschlosses innerhalb der Mauern jener Stadt begonnen. Er wollte nicht mehr außerhalb auf dem Giebichenstein residieren, sondern durch das Schloss innerhalb der Mauern seine Stadtherrschaft deutlich dokumentieren. 1503 wurde die Moritzburg fertig. Bis zu seinem Tod im Jahr 1513 hielt er sich von nun an vorwiegend dort auf. Als Grabstätte war allerdings schon lange der Magdeburger Dom vorgesehen. Bereits 1495 hatte der berühmte Nürnberger Bildhauer Peter Vischer d. Ä. die prachtvolle Grabtumba für ihn geschaffen.

Albrecht von Brandenburg, Nachfolger auf dem erzbischöflichen Stuhl, gab dann der Moritzburg in Halle ganz und gar den Vorzug, so dass sich unter ihm der endgültige Umzug des erzbischöflichen Hofs vollzog.

Hochburg der Reformation 1524–1618

Luther in Magdeburg: Die Stadt wird evangelisch

Auch nach dem Tod des Erzbischofs Ernst 1513 löste sich der Dualismus zwischen der Stadt Magdeburg und dem Erzbischof als Stadt- und Landesherrn unter Albrecht von Brandenburg nicht auf. Der Grundkonflikt zwischen der nicht ratsfähigen Bürgergemeinde und dem Magdeburger Stadtrat war ebenfalls nicht beigelegt, sondern schwelte weiter. Hinzu kam die im Spätmittelalter verhaftete starke Frömmigkeit der Bürgergemeinde. In dieser Anfang des 16. Jhs. herrschenden Konstellation konnten die reformatorischen Ideen eines Martin Luther auf fruchtbaren Boden fallen.

Das erste Viertel des 16. Jhs. war durch einen weiterhin hohen Grad an städtischer Autonomie gegenüber den Erzbischöfen Ernst und Albrecht gekennzeichnet. Magdeburg hatte die Idee, reichsfreie Stadt zu werden, immer noch nicht aufgegeben. Gefördert wurden diese Vorstellungen durch die sehr starke wirtschaftliche Stellung der Stadt und die kaum noch vorhandene Präsenz des Erzbischofs. Albrecht von Brandenburg wurde 1514 auch noch zum Erzbischof von Mainz gewählt, was längere Aufenthalte außerhalb des Erzbistums in seinem rheinischen Territorium und auf Reichstagen zur Folge hatte. In dieser Situation erhielten nicht nur der Magdeburger Stadtrat, sondern auch das Domkapitel als autonomer Machtfaktor neben Erzbischof und Bürgerschaft einen größeren Handlungsspielraum.

Der Anschlag der 95 Thesen Luthers am 31. Oktober 1517 an die Schlosskirchentür in Wittenberg, in welcher Form er auch immer stattgefunden hat, wurde durch die intensivierte Ablasspraxis gerade in den Erzbistümern Magdeburg und Mainz mit verursacht. Ein Jahr zuvor hatte Luther erstmals öffentlich gegen diese Praxis gepredigt, die unter dem Werbespruch des Predigers Johann Tetzel, Abgesandter Kardinal Albrechts in Sachsen, berühmt wurde: »Wenn das Geld im Kasten klingt, die Seele aus dem Feuer springt.«

Die sich von 1517 an unaufhaltsam verbreitende lutherische Lehre erreichte Magdeburg bereits 1521 durch Mönche, die ihre Klöster verlassen hatten. Immer häufiger wurde Protestantismus in der Folge zunächst gegen den Willen des Rates in den Magdeburger Pfarrkirchen von den Kanzeln verkündet und das Abendmahl nach evangelischem Ritus gespendet.

Im Sommer 1524 spitzte sich die Situation derartig zu, dass der Bürgermeister Nikolaus Sturm Martin Luther selbst in die Stadt holte, in der jener als 14-Jähriger ein Jahr in der Magdeburger Domschule gelernt hatte. Nachdem sich die Augustinerkirche als unzureichend für den starken Menschenandrang herausgestellt hatte, predigte Luther am 26. Juni in der großen Johanniskirche, wovon heute ein Denkmal des Wittenbergers vor der Kirche kündet. Mit diesem Ereignis wird allgemein die Einführung der Reformation in Magdeburg verbunden, auch wenn der Dom bis 1567 noch katholisch und einige Klöster ebenfalls »altgläubig« blieben.

Bereits im Sommer 1524 zeigte die Reformation in Magdeburg Züge einer politischen Bewegung mit aggressiven Zügen. Polemiken wurden gedruckt, Gewalt gegen Klöster und Priester angewandt. Die Pfarrkirchen der Stadt wurden im Laufe der Wochen nach Luthers Predigt mit evangelischen Pfarrern besetzt. Als entscheidend für die endgültige Durchsetzung der Reformation erwies sich die Berufung Nikolaus von Amsdorfs, der nicht nur am 24. September 1524 Pfarrer an der St. Ulrichs-Kirche, sondern auf Empfehlung Luthers auch Superintendent der Stadt wurde. Amsdorf war ein Vertrauter Luthers, stand seit 1516 in näherem Kontakt zu ihm und war bis 1524 im akademischen Lehramt an der Wittenberger Universität tätig, 1513 und 1522 sogar als Rektor. Der Rat erteilte ihm die Erlaubnis, neben einer neuen Gottesdienstordnung das Schul- und Armenwesen nach Wittenberger Vorbild in Magdeburg einzuführen. »Luther ... spürte vielleicht, dass Amsdorfs Fähigkeiten im Streitgespräch und auf der Kanzel, verbunden mit seiner unerschütterlichen Überzeugung von der Botschaft der Reformation, ihn zum passenden Mann für Magdeburg im Jahr

1524 machten. Er schätzte den Mann und die Stadt zutreffend ein, denn Amsdorf machte Magdeburg zu einem Bollwerk für Luthers Bewegung, das nach dem Schmalkaldischen Krieg beinahe allein der Macht des Kaisers widerstand« (Schneider, S. 116). In den folgenden Jahren entwickelte sich unter Amsdorf eine besonders fundamentale Form des Luthertums, deren Anhänger bald »Gnesiolutheraner« (echte Lutheraner) genannt wurden.

Auf den Aufruf Luthers und Philipp Melanchthons hin wurde 1524 aus verschiedenen Kirchspielschulen eine zentrale Stadtschule gegründet, das altstädtische Gymnasium. 1525 wurde – ebenfalls auf den Rat der Reformatoren – eine Ratsbibliothek eröffnet, aus der die heutige Stadtbibliothek hervorgegangen ist. Die neu gegründete Schule sollte die kommende Generation von Predigern, Räten und Lehrern hervorbringen. Der Theologe Caspar Cruziger war ihr erster Rektor.

Die Einführung der Reformation in Magdeburg war von Unruhen, tätlichen Auseinandersetzungen und Bilderstürmerei begleitet. Kirchenräume wurden verwüstet, Gemälde und Bildhauerwerke zerstört. Auch im Dom kam es zu erheblichen Verwüstungen. Der Höhepunkt der Bilderstürmerei, die im sächsisch-thüringischen Raum 22 Städte erfasste, fiel in das Jahr 1525.

Magdeburgs Kampf gegen das »Interim« von 1548

Die Stadt schloss sich dem Schmalkaldischen Bund an, der sich 1531 als Verteidigungsbündnis protestantischer Fürsten und Städte bildete, und wurde nach dessen Niederlage in der Schlacht von Mühlberg an der Elbe 1547 von Kaiser Karl V. mit der Reichsacht belegt, da sie ihm den Gehorsam verweigert hatte. Dennoch lehnte Magdeburg das Interim, eine vorläufige Religionsordnung, mit der Karl V. die Kirchenspaltung zu verhindern suchte und die evangelischen Reichsstände durch Zugeständnisse zum Beitritt bewegen wollte, entschieden ab. Die Haltung der Stadt wurde fundamentalistischer. Das Interim wurde als Versuch angesehen, die Rückkehr Magdeburgs zur katholischen Seite einzuleiten. Die Stadt entwickelte sich nun

Die Magdeburger Zenturien, die erste protestantische Kirchengeschichte

zu einem Zentrum konfessioneller Kampfpublizistik der orthodoxen Lutheraner und des Widerstandes gegen das Interim. Um Matthias Flacius Illyricus, der sich auch als Autor der »Magdeburger Zenturien«, der ersten geschriebenen protestantischen Geschichte der Welt, einen Namen machte, sammelte sich hier die Opposition, die gegen die gemäßigte, kompromissbereite Haltung Melanchthons zu Felde zog und diese als Verrat an der Sache Luthers betrachtete.

»Unseres Herrgotts Kanzlei«: Belagerung durch Moritz von Sachsen

Nach der Schlacht von Mühlberg löste sich der Schmalkaldische Bund auf. Magdeburgs strategische Lage war schwierig geworden. Kaiser Karl V. forderte nun energisch die Übernahme des Interims durch die Stadt, wogegen sie sich jedoch weiter kompromisslos verwahrte. Kurfürst Moritz von Sachsen, der zusammen mit dem Kurfürsten von Brandenburg und dem Erzbischof von Magdeburg die Reichsacht zu vollstrecken hatte, bela-

Magdeburg während der Belagerung 1550/51, Kupferstich

gerte im Herbst 1550 mit ca. 15.000 Söldnern die Stadt. Die Belagerung dauerte Monate und brachte kein Ergebnis, so dass im Mai 1551 Friedensverhandlungen aufgenommen wurden. Da Moritz von Sachsen aber zugleich auch eine Koalition gegen den Kaiser schmiedete, um dessen Macht in Norddeutschland zu brechen, diente die immer noch andauernde Belagerung mehr und mehr auch der »Verschleierung der Pläne des Verrats am Kaiser« (Miehe, S. 338). Es kam zu Geheimverhandlungen zwischen ihm und der Stadt. Zwar unterschrieb Magdeburg am 5. November 1551 die »Kapitulationsurkunde«, konnte aber mit der Zahlung von 50.000 Gulden an den sächsischen Kurfürsten v. a. ihre Religionsfreiheit vollständig erhalten. Die Stadt erkannte »neben Kaiser und Reich auch die Kurfürsten von Sachsen und Brandenburg sowie den Erzbischof von Magdeburg als Oberherren an. Dieser so genannte *Tripartit* hatte bis 1579 Bestand« (Miehe, S. 338).

Der Rat der Stadt hatte es seit 1524 verstanden, die Kirche im Sinne der Reformation zu kommunalisieren und den Katholizismus fast völlig zu verdrängen. Auch die Ergebnisse der Belagerung von 1550/51 bestätigten die Politik des Rates, da sie sogar eine Verstärkung der Autonomie Magdeburgs gebracht hatte, auch wenn die Zahlung einer Entschädigung von 50.000 Gulden die Wirtschaftskraft der Stadt nicht unerheblich schwächte.

Magdeburg blieb orthodox-lutherisch. »Damit markiert die Haltung Magdeburgs (...) eine entscheidende Weichenstellung in der Reformations- und Reichsgeschichte« (Flügel, S. 296). Die Stadt war seit der Einführung der Reformation 1524, durch die Auseinandersetzungen um das Interim und die Belagerung von 1550/51 endgültig zu einer Hochburg der Reformation, zu »Unseres Herrgotts Kanzlei« (Wilhelm Raabe), geworden.

Zwischen »Augsburger Religionsfrieden« und Dreißigjährigem Krieg

1555 wurde auf dem dortigen Reichstag der »Augsburger Religionsfrieden« zwischen dem Kaiser und den teilweise evangelischen Reichsständen geschlossen. Dieser sollte nach dem Grundsatz »Cuius regio, eius religio« (Wessen Land, dessen Religion) eine dauerhafte Grundlage für das friedliche Nebeneinander des Katholizismus und des Luthertums im Heiligen Römischen Reich Deutscher Nation schaffen, was für die Reichsstände einen Erfolg darstellte, da ihr Augsburger Bekenntnis (Confessio Augustana) vom Reich toleriert wurde.

1562 hob Kaiser Ferdinand I. die Reichsacht über Magdeburg auf. Die dortigen orthodoxen Lutheraner ließen in ihrem Eifer dennoch nicht nach. Der Rat hatte 1552 dem letzten formal katholischen Erzadministrator die Huldigung verweigert und verbot 1562 alles Fastnachtstreiben sowie die Ritterspiele um die Mauritiusfahne. 1566 wurde der erste evangelische Landesherr in Magdeburg vom Domkapitel gewählt. Als Administrator des Erzstifts wurde Joachim Friedrich von Brandenburg eingesetzt. 1567 wurde der Dom evangelisch, die Zahl der Klöster ging in dieser Zeit drastisch zurück. Es begann nun bis zum Ende des 16. Jhs. die Phase der Konsolidierung des Luthertums in Magdeburg. Die Stadt stand vom Friedensvertrag von 1552 an, der am

Ende der Belagerung geschlossen worden war, unter der Herrschaft von Kaiser und Reich, dem Erzbischof von Magdeburg und den Kurfürsten von Brandenburg und Sachsen. 1579 wurde diese für den Rat der Stadt gar nicht so ungünstige Herrschaftskonstruktion wieder aufgehoben, und der Erzadministrator des Magdeburger Erzstifts wurde alleiniger Stadtherr.

Zum ersten lutherischen Dompredigers wurde 1567 Dr. Siegfried Sack gewählt. Er blieb bis zu seinem Tod 1596 in dieser Funktion. Die erste evangelische Predigt hielt er am 30. November 1567 im Dom.

Das städtische Leben wurde nun – wie auch in anderen protestantischen Städten – stärker als früher reglementiert. Es wurden Tanz-, Hochzeits-, Tauf- und Begräbnisordnungen erlassen, mit denen die Kleidung bei entsprechenden Anlässen vorgeschrieben wurde. Die erlassenen Kleiderordnungen waren ein Mittel, die Bevölkerungsschichten voneinander zu unterscheiden. Diese Reglementierung des öffentlichen und privaten Lebens war Teil eines gesamtgesellschaftlichen »Fundamentalvorgangs«, der heute mit dem Begriff »Konfessionalisierung« bezeichnet wird und »das öffentliche und private Leben in Europa tiefgreifend umpflügte, und zwar in [...] Verzahnung mit der Herausbildung des frühmodernen Staates und mit der Formierung einer neuzeitlichen disziplinierten Untertanengesellschaft, die anders als die mittelalterliche Gesellschaft nicht personal und fragmentiert, sondern institutionell und flächenmäßig organisiert war« (Schilling, S. 6).

Auch wenn in Magdeburg mit dem Amtsantritt Joachim Friedrichs von Brandenburg 1566 ein protestantischer Landes- und Stadtherr die Regentschaft übernahm, war damit der aus dem Mittelalter herüberragende tiefgreifende Dualismus zwischen der Stadt und ihrem Landesherrn nicht beseitigt, sondern blieb bis zum Dreißigjährigen Krieg ein ständiger Grund für Auseinandersetzungen. Seit der Mitte des 16. Jhs. hatte die Stadt zudem mit zunehmenden wirtschaftlichen Schwierigkeiten zu kämpfen. Die Zahlung an Moritz von Sachsen, der Verbrauch der Kirchenschätze im Rahmen der Auseinandersetzungen mit dem Kaiser und die Abgaben der Bürger an die Stadt während der Belagerung 1550/51 hatten Magdeburg erheblich

Grundriss der Stadt Magdeburg 1572 von Braun/Hogenberg, Kupferstich, koloriert. In der Mitte die Altstadt, links die Neustadt, rechts angeschnitten die Sudenburg

zugesetzt. Hinzu kamen ungünstige handelspolitische Entwicklungen. Der Fernhandel im hansischen Rahmen litt an zurückgehenden Umsätzen im Ausland aufgrund protektionistischer Tendenzen in den anderen europäischen Ländern. Mit Hamburg entspann sich ein jahrzehntelanger Konflikt um den Kornexport aus Magdeburg über die Elbe, mit Leipzig war seit dem Ende des 15. Jhs. ein neues Messezentrum entstanden, das sich zu Lasten von Magdeburg auswirkte. Die Herzöge von Braunschweig-Lüneburg blockierten jahrelang den Elbhandel, um die Magdeburger Kaufleute zu zwingen, ihre Waren über Lüneburg in ihre Heimatstadt zu transportieren.

In Magdeburg selbst sollte aufgrund eines Beschlusses des Landtags von 1570 nun die Reformation völlig durchgesetzt werden. Es wurden sogenannte »Visitationen« durch eine Kommission durchgeführt, die Mönche und Nonnen in den noch existierenden katholischen Klöstern überzeugen sollte, ihrem alten Glauben abzuschwören und sich dem evangelischen Bekenntnis zuzuwenden. Zwischen 1570 und 1584 fanden fünf Visitationen statt. Der Druck, den solche Besuche auf die noch verbleibenden Klöster auslösten, hatte am Ende Erfolg. 1601 verließen die letzten katholischen Prämonstratenser ihr Kloster Unser Lieben Frauen. Ein einziges katholisches Kloster gab es nun noch in Magdeburg, St. Agnes in der Neustadt.

In dieser Zeit fanden auf dem Boden des heutigen Sachsen-Anhalt auch zahlreiche Hexenprozesse statt, wobei dieses Gebiet nicht das Zentrum der Hexenverfolgung darstellte. Etwas mehr als 150 Prozesse sind dokumentiert. Für Magdeburg gibt es nur einen nachgewiesenen Fall, der 1592 fünf »Hexen« das Leben kostete. Man kann aber davon ausgehen, dass es auch hier sehr viel mehr Prozesse gegeben hat, die allerdings aufgrund der Archivverluste nicht mehr nachweisbar sind.

Auch wenn die Zeit zwischen dem Abschluss des Augsburger Religionsfriedens 1555 und dem Jahr 1618 zu einer der längsten Friedensperioden der Geschichte des Heiligen Römischen Reiches gehört, lösten sich die religiösen Gegensätze und die politischen Spannungen im Reich nicht einfach auf, sondern entluden sich in der bis dahin verheerendsten Katastrophe in der Geschichte Europas: dem Dreißigjährigen Krieg.

Zerstörung und Neubeginn:
Der Dreißigjährige Krieg und die Folgen
1618—1680

Vom Kriegsausbruch bis 1630: Die Lage spitzt sich zu

100 Jahre nach der Verbreitung von Luthers Thesen feierten die evangelischen Christen in Norddeutschland und natürlich auch in Magdeburg am 26. Oktober 1617 den Jahrestag der Reformation und damit auch den Erhalt der lange und hart umkämpften Glaubensfreiheit. Magdeburg war zu dieser Zeit eine Stadt von etwa 30.000 Einwohnern, gegliedert in sechs Hauptpfarren. Es hatte sich neben seiner Glaubensfreiheit auch eine relativ große wirtschaftliche und politische Unabhängigkeit von den erzstiftischen Landesherren erhalten können.

Mit dem Prager Fenstersturz am 23. Mai 1618 begann der nicht zuletzt für Magdeburg so folgenreiche Dreißigjährige Krieg. Böhmische protestantische Adlige waren in den Hradschin eingedrungen und hatten die kaiserlichen Statthalter aus dem Fenster geworfen. Damit begann die erste Phase, der Böhmisch-Pfälzische Krieg. Dieser bis 1623 v. a. in Süddeutschland und Böhmen ausgetragene Konflikt berührte Magdeburg zunächst nicht direkt. Die quasi freie Stadt war noch immer eingebettet in das System der Hanse, die in dieser Zeit einen stärkeren Bündnischarakter angenommen hatte. Dennoch wurde Magdeburg schon 1619 in die Ereignisse des »teutschen Krieges« einbezogen. Es sollte sich mit einem hohen Betrag an der Aufstellung eines Heeres durch die Stände des Niedersächsischen Reichskreises beteiligen, was Magdeburg aber mit Hinweis auf die Neutralität als Hansestadt und seine angebliche Reichsfreiheit ablehnte.

Zwischen 1620 und 1623 brachte der Krieg erhebliche wirtschaftliche Folgen hervor. In der »Kipper- und Wipperzeit« war durch Falschmünzer fast überall im Reich eine erhebliche Geldentwertung verursacht worden. Auch in Magdeburg trieben die Kipper und Wipper in der städtischen Münze ihr Unwesen, was die Waren des täglichen Bedarfs bis zum Zehnfachen verteuerte. Der Begriff »Kipper und Wipper« leitet sich vom betrügerischen Aussortieren guter, schwerer Münzen her, die dann eingeschmolzen und, mit unedlen Metallen vermischt, zum selben Preis wieder auf den Markt kamen. Diese Inflation betraf naturgemäß v. a. die ärmeren Schichten. 1622 kam es zu einem fünftägigen Aufruhr mit 16 Toten, etwa 200 Verletzten und 16 niedergebrannten Häusern in der Stadt.

Magdeburg begann sich für eventuelle kriegerische Auseinandersetzungen zu rüsten, indem es die städtischen Arsenale füllte und ein Heer von 800 Soldaten anwarb. Tatsächlich verschob sich der Krieg ab 1625 in den Norden des Reichs, und es begann die Phase des Niedersächsisch-Dänischen Kriegs. Der dänische König Christian IV. griff nun auf der protestantischen Seite in den Krieg ein, woraufhin die kaiserlichen Generäle Tilly und Wallenstein ihre Truppen in den Norden des Reichs verlegten. Im Oktober 1625 drang Wallenstein mit 38.000 Mann in das Erzstift Magdeburg ein. Der kaiserliche General verlangte die Öffnung der Tore für die Aufnahme einer Garnison und sicherte im Gegenzug der Stadt alle Privilegien und Religionsfreiheit zu. Der Rat lehnte das Begehren mit der Unterstützung der Bevölkerung ab und geriet nun zwischen die Fronten.

Die Stadt war tief gespalten zwischen der Unterstützung des dänischen Königs und damit der protestantischen Sache einerseits und der Ausgleichspolitik gegenüber dem Kaiser anderseits. Als Christian IV. in der Schlacht bei Lutter am Barenberge am 17. August 1626 von Tilly geschlagen wurde, mit dem Frieden von Lübeck 1629 schließlich seine Beteiligung am Dreißigjährigen Krieg beendete und sich in sein Reich zurückzog, beherrschten die kaiserlichen Generäle Wallenstein und Tilly Norddeutschland. Ende 1626 ließ Wallenstein die Reliquien des hl. Norbert von Xanten aus dem Kloster Unser Lieben Frauen gegen den Widerstand der Bevölkerung entnehmen und in das Prämonstratenserkloster Strahov in Prag bringen. In der Bevölkerung wurde diese »Entführung« des Heiligen als böses Omen gedeutet.

Die Spannungen in der Bevölkerung nahmen weiter zu. In den Jahren 1627 bis 1629 versuchte der Rat, seine ausgleichende Politik gegenüber dem Reich fortzusetzen. Der Kaiser gestattete der Stadt infolge dieser Bemühungen, gegen die Zahlung von 133.000 Talern ihre Festung zu erweitern. Die Lage blieb dennoch äußerst gespannt und verschärfte sich 1629 weiter, als Kaiser Ferdinand II. mit seinem Restitutionsedikt vom 24. Februar die Rekatholisierung aller nach 1552 reformierten oder säkularisierten Kirchengüter, darunter zwei Erzbistümer, 13 Bistümer, 500 Klöster, Stifte und Kirchengüter, anstrebte. Daraufhin setzten v. a. protestantische Geistliche, allen voran die Pastoren der Johannis- und der Ulrichskirche, als konsequente Verfechter des orthodoxen Luthertums jene Ratsmitglieder unter Druck, die als »gut kaiserliche Partei« bezeichnet wurden.

Anfang 1629 erhöhte auch Wallenstein den Druck auf die Stadt, als er erneut die Öffnung der Stadt für seine Truppen verlangte. Der Rat verweigerte dies, woraufhin der Feldherr nach Vorwarnung begann, die Stadt zu belagern. Erst nach 28 Wochen brach er den Versuch ab – zum einen, weil die Hansestädte auf Bitten Magdeburgs zwischen den Gegnern vermittelten, zum anderen, weil die bevorstehende Invasion des schwedischen Königs Gustav II. Adolf die Verlegung der Truppen nach Norden notwendig machte.

Vom Beginn des Jahres 1630 an spitzte sich die konfliktreiche Situation innerhalb der Bevölkerung Magdeburgs zu. Dem Rat wurde immer wieder vorgeworfen, die evangelische Sache zu verraten, mit den Kaiserlichen zu kollaborieren und sich persönlich zu bereichern. An der Spitze der Opposition standen eifernde protestantische Prediger, die von den Kanzeln offen gegen die Politik des Rates zu Felde zogen. Die während der Belagerung von der Hanse Gesandten setzten sich für die innere Einheit der Stadt ein, riefen die evangelischen Geistlichen zur Mäßigung bei ihren Predigten auf, stellten aber bei ihrer Abreise fest, »es war mit Magdeburg schon ad extrema kommen«.

Im Februar 1630 kam es zum Umsturz der seit 1330 gültigen Ratsverfassung mit der Folge, dass sich im neuen Rat nun viele dem bisherigen Gremium gegenüber kritisch eingestellte Mitglieder befanden. Auch der neue Rat sah sich sofort mit der wirtschaftlich und politisch prekären Lage konfrontiert. Im Gegensatz zu Halle und anderen Städten des Erzstifts weigerte er sich, dem katholischen Erzbischof von Magdeburg, Erzherzog Leopold Wilhelm, zu huldigen, was den Druck auf die Stadt weiter erhöhte.

»Magdeburger Bluthochzeit«

In den nun folgenden Wochen kam es innerhalb der Stadt zu der entscheidenden Machtverschiebung, die am Ende die Zerstörung Magdeburgs zur Folge haben sollte: Unter dem Druck des kaiserlichen Erlasses, Leopold Wilhelm die Inbesitznahme des Magdeburger Domes, Sitz des Erzbischofs, zu ermöglichen, bekamen diejenigen Stimmen in der Stadt Oberwasser, die eine Parteinahme für den schwedischen König Gustav II. Adolf befürworteten. Die Haltung der Bevölkerung wurde den Kaiserlichen gegenüber immer feindseliger. Als Anfang Juli 1630 der ersehnte »Retter der protestantischen Freiheit«, König Gustav II. Adolf von Schweden, an der deutschen Ostseeküste landete, kam es zu einer folgenschweren Entscheidung des Magdeburger Rates: Er unterschrieb am 1. August 1630 einen Bündnisvertrag mit ihm und stand damit nun eindeutig auf der Seite des größten Feindes des Heiligen Römischen Reiches.

Nachdem schon im September 1630 Graf zu Pappenheim, der als kaiserlicher General für die katholische Liga unter dem Oberbefehl Wallensteins kämpfte, mit seinen Truppen nach Magdeburg vorgerückt war und mit der Rückeroberung des Umlands begonnen hatte, beschloss Tilly am 26. November 1630 den Angriff auf die Stadt. Nach einem kurzen Abzug in Richtung Frankfurt an der Oder, das vom Schwedenkönig belagert wurde, setzte der kaiserliche General die Belagerung fort. Ende März 1631 war der Ring um die Stadt geschlossen. Rund 42.000 Mann standen auf der Seite Tillys, die Stadt verfügte nur über rund 7.250 Mann.

Der Heerführer bot Ende April und Anfang Mai 1631 der Stadt die Kapitulation an, der Rat konnte sich aber zu keiner klaren Haltung durchringen. Die evangelischen Prediger riefen von den Kanzeln die Stadt zum Durchhalten auf und verwiesen auf den im Anmarsch befindlichen schwedischen König. Eine große Rolle spielte auch Oberst Dietrich von Falkenberg, der sich im Auftrag Gustavs II. Adolf in der Stadt befand, als Oberbefehlshaber die Verteidigung der Stadt organisierte und ständig die Hoffnung auf die Ankunft des Schwedenkönigs nährte. Doch dieser erreichte Magdeburg nicht mehr rechtzeitig.

Nach schwerem Beschuss vom 7. bis 9. Mai wurde die Stadt am 10. Mai 1631 erstürmt und drei Tage lang gebrandschatzt. In der »Magdeburger Bluthochzeit« wurde die Stadt fast komplett niedergebrannt und geplündert. 20.000 Menschen sollen ums Leben gekommen sein – bei einer angenommenen Einwohnerzahl von 30.000 bis 35.000. Schätzungen gehen davon aus, dass nach dieser Verwüstung noch etwa 5 bis 10 % der Einwohner ein Dach über dem Kopf hatten. Rund 100 Jahre dauerte es, bis sich die Stadt von dieser fast völligen Auslöschung erholt hatte. Das Trauma wirkt bis heute nach.

Dieses verheerende Ereignis wurde europaweit wahrgenommen und schon von den Zeitgenossen mit der Zerstörung Trojas oder Jerusalems in der Antike verglichen. »Magdeburgisieren« gelangte als Synonym für »völlig zerstören« zu trauriger Berühmtheit. Die »Magdeburger Bluthochzeit« vom 10. Mai 1631 war die erste tiefe Zäsur in der Geschichte der einst so berühmten Stadt, deren Entwicklung nun »unter grundlegend anderen Bedingungen« verlief (Tullner 1998, S. 21).

Neubeginn in Trümmern

Den großen Nutzen, den sich Tilly versprochen hatte, brachte das zerstörte und ausgeplünderte Magdeburg nicht. Mögliche Aufbaupläne als katholisches Marienburg zerschlugen sich schon wenige Monate nach der Zerstörung durch die Schlacht bei Breitenfeld nördlich von Leipzig am 17. September 1631, in der Tilly und Pappenheim von Gustav II. Adolf, dem »Retter des Protestantismus« und »Befreier aus dem Norden«, vernichtend geschlagen wurden. Ende 1631 entbrannte nochmals eine Schlacht um Magdeburg mit weiteren verheerenden Ver-

Plünderung Magdeburgs, Ölbild von Eduard Steinbrück 1852/66. Das Bild setzt die dramatischen Augenzeugenberichte der Zerstörung Magdeburgs 1631 in Szene

wüstungen und Plünderungen. Erst am 8. Januar 1632 verließ Pappenheim mit seinen Soldaten die Stadt in Richtung Wolfenbüttel, bevor sie drei Tage später von den Schweden unter General Johann Baner erneut besetzt wurde. Damit wurden die Stadt und das Erzstift wieder evangelisch.

Fürst Ludwig von Anhalt-Köthen wurde vom schwedischen König als Statthalter des Erzstifts eingesetzt. Ihm gelang im März 1632 ein wichtiger Schachzug: Er holte den jungen Magdeburger Ingenieur Otto Gericke, später Otto von Guericke, aus Erfurt zurück. Dieser hatte als Ratsherr, der eher der kaiserlichen Seite angehörte, die Zerstörung seiner Heimatstadt miterlebt und überlebt. Als erstes fertigte er den berühmten Plan der Altstadt an, der nicht nur sämtliche Schäden verzeichnete, sondern auch eine städtebauliche Weiterentwicklung Magdeburgs enthielt. Er stellte fest, dass nur 139 Häuser das Feuer unbeschädigt überstanden hatten. Am 2. Mai 1632 wurde er nach Anfertigung dieses Planes zum schwedischen Festungsingenieur berufen.

Nach dem Tode Gustavs II. Adolf in der Schlacht bei Lützen am 16. November 1632 wurde die schwedische Militärherrschaft in Deutschland immer brüchiger. Nach dem Prager Frieden 1635 endete am 13. Juli 1636 die Besatzung Magdeburgs durch Abzug der Truppen nach Kapitulation gegenüber dem Kurfürsten Johann Georg von Sachsen, der die Stadt wochenlang belagert hatte. Kurze Zeit später huldigte der Rat dem Kurfürsten als kaiserlichem Generalbevollmächtigten. In der Folgezeit konnte die Stadt vom Kaiser ihre alten Rechte und Privilegien, die auch die Kornverschiffung und das Stapelrecht umfassten, zurückerlangen.

Otto Gericke war inzwischen vom schwedischen in den kursächsischen Dienst getreten und koordinierte die Befestigungsarbeiten und bald darauf auch den allgemeinen Wiederaufbau in Magdeburg. 1642 stieg er als einer der vier für Finanzen zuständigen Kämmerer in den Führungskreis des Rates auf.

Etwa 1500 kursächsische Soldaten musste die Stadt in den wenigen noch intakten Gebäuden unterbringen, was für die Bevölkerung eine erhebliche Belastung darstellte. Zu den Belastungen durch die Garnison war eine Pestepidemie 1636/37 gekommen, so dass die Stadt sich erst in den 1640er-Jahren zu regenerieren begann und die Einwohnerzahl wieder wuchs.

Der vergebliche Kampf Otto von Guerickes

Der Dreißigjährige Krieg war indes noch immer nicht beendet. 1645 drohte der Stadt durch die Truppen des schwedischen Generals Hans Christoph von Königsmarck die nächste Belagerung, die jedoch durch die intensive diplomatische Tätigkeit Gerickes abgewendet werden konnte.

1646 erklärte sich die Stadt bereit, Fürst Erzbischof August, dem letzten Administrator des Erzstiftes Magdeburg, als Landesherrn zu huldigen. Im April des Jahres zogen die schwedischen Truppen Richtung Norden ab, und die sächsischen Regimenter verließen die Stadt wenige Tage später nach knapp achtjähriger Garnisonszeit. Gericke, der dadurch seine Stellung als sächsischer Festungsingenieur verlor, wurde als vierter Bürgermeister in

Gesandtenportrait Otto von Guerickes, 1649, Kupferstich

städtische Dienste genommen, was v. a. seinen diplomatischen Fähigkeiten zu verdanken war. So war es auch folgerichtig, dass Gericke in den nun bald beginnenden Friedensverhandlungen, die im Westfälischen Frieden von Münster und Osnabrück 1648 mündeten, die Position Magdeburgs vertrat. Gewisse Privilegien konnte er für die Stadt erkämpfen, letzten Endes wurde sie aber nicht wie eine freie Reichsstadt behandelt, sondern als Teil des Erzstifts Magdeburg, das nun säkularisiert und auf »ewige Zeiten« als »Herzogtum Magdeburg« dem Kurfürstentum Brandenburg zugeschlagen wurde. Allerdings sollte diese Zuordnung erst nach dem Tode Herzog Augusts von Sachsen eintreten. Brandenburg wurde damit für den Verlust Vorpommerns entschädigt, das im Westfälischen Frieden an Schweden fiel.

Gericke, der 1666 von Kaiser Leopold I. als Otto von Guericke in den Adelsstand erhoben wurde, versuchte, das Vakuum nachzuweisen. Durch seine aufsehenerregenden wissenschaftlichen Experimente erreichte er eine breite Öffentlichkeit, was er dazu nutzte, auf das Schicksal seiner Heimatstadt hinzuweisen und zu versuchen, für Magdeburg doch noch den Status als freie Reichsstadt zu erlangen. So trat er mit seinem Halbkugelversuch 1649 in Nürnberg, 1652 in Wien und 1653/54 in Regensburg auf. 1672 veröffentliche er seine wissenschaftlichen Erkenntnisse in dem berühmten Buch »Experimenta Nova Magdeburgica de Vacuo Spatio – Neue Magdeburger Versuche über den leeren Raum«. Seine Versuche legten die Grundlagen für die Vakuumtechnik und die Elektrostatik.

1648: Das Erzstift wird Herzogtum

Guericke hatte durch seine öffentlich zur Schau gestellten Versuche erreicht, dass sich der Kaiser 1652 um die Magdeburg-Angelegenheit kümmerte. 1653/54 kam der Reichstag in Regensburg zusammen und sollte auf Geheiß des Kaisers endgültig über die Reichsfreiheit Magdeburgs entscheiden. Die kurfürstlichen und fürstlichen Reichsstände teilten den Standpunkt des Erzstiftes und machten ihr Votum davon abhängig, dass Magdeburg ein authentisches Exemplar eines als Fälschung des späten Mittelalters erkannten Reichsfreiheitsprivilegs Ottos des Großen vorlegte, das dann wiederum von Kaiser Ferdinand III. zu bestätigen wäre. Da ein echtes ottonisches Privileg nicht existierte und auch nicht existieren konnte, da im 10. Jh. der Status einer »Reichsstadt« noch unbekannt war, konnte Guericke diese Bedingung unmöglich erfüllen.

Der Kaiser bestätigte daraufhin die Entscheidung des Reichstages. Magdeburg erhielt den Status einer erzstiftischen Landstadt und hatte dem Landesfürsten zu huldigen, womit die Anerkennung dieser reichsrechtlichen Entscheidung verbunden war. Die letzte Gelegenheit, zur freien Reichsstadt zu werden, war somit dahin.

Der Klosterbergische Vertrag von 1666

Der Rat der Alten Stadt Magdeburg verweigerte jedoch in den Folgejahren immer wieder die Huldigung. Im Selbstverständnis der Stadt hatten die ottonische Herkunft und die über Jahrhunderte eroberte de facto bestehende Selbstverwaltung und

Stadtfreiheit so tiefe Spuren hinterlassen, dass sie auch nach der schweren Verwüstung von 1631 und in dieser fast aussichtslosen politischen und rechtlichen Lage an ihrer Vorstellung, reichsfrei zu sein, hartnäckig festhielt. Erschwerend kamen seit 1623 aufgelaufene Steuerverpflichtungen gegenüber dem Reich und dem Reichskreis hinzu, die sich inzwischen auf knapp 200.000 Silbertaler beliefen. Fürst-Administrator August verlangte mehrfach erfolglos die Huldigung, schaffte im Gegenzug das Stapelrecht ab und erhob zusätzliche Steuern.

Diese erfolglosen Bemühungen um die Huldigung erhielten 1658 eine zusätzliche Note, da nun auch Kurfürst Friedrich Wilhelm von Brandenburg von Magdeburg die Eventualhuldigung verlangte, die ihm als zukünftigem Landesherrn zustünde. Als die Stadt auch dies verweigerte, beschloss Friedrich Wilhelm, die Huldigung mit Waffengewalt zu erwirken. Brandenburg verfügte über weit in den Westen hineinragende Landesteile, wodurch Magdeburg aus strategischen Gründen für den Kurfürsten sehr interessant war. Als seine Truppen 1666 nach einem siegreichen Feldzug aus Kleve abzogen, sollte die Magdeburg-Angelegenheit auf dem Rückweg gleich mit erledigt werden. Administrator August willigte unter der Bedingung ein, dass zugleich ihm und dem Kurfürsten gehuldigt werden sollte.

Unter dem Druck des 15.000 Mann starken brandenburgischen Heeres, das bei Wanzleben, also vor den Toren Magdeburgs, Aufstellung genommen hatte, willigte die Stadt, die keine andere Wahl mehr hatte und nicht noch einmal besetzt werden wollte, mit ihrem Bürgermeister Otto von Guericke an der Spitze in den sogenannten »Klosterbergischen Vertrag« ein und erkannte am 28. Mai 1666 die sächsisch-brandenburgische Herrschaft an. Damit war nach der Zerstörung der Stadt 1631 ein weiterer tiefer Einschnitt in der Geschichte Magdeburgs vollzogen. Nicht nur der jahrhundertealte Traum von der Reichsfreiheit endete mit diesem Vertrag, mehr noch: Magdeburg wurde brandenburgische Garnisonsstadt, musste von nun an monatlich 1200 Taler für die Garnison zahlen und die Oberhoheit des Garnisonskommandanten über die Stadt anerkennen. Die de facto seit dem 13. Jh. bestehende Stadtfreiheit war endgültig vorbei.

Brandenburgisch-preußische Festungsstadt 1680—1815

Die stärkste Festung in Brandenburg-Preußen

1680 starb Administrator August von Sachsen, und das Herzogtum Magdeburg fiel gemäß den Bestimmungen des Westfälischen Friedens ganz an Brandenburg. Die Macht über das Herzogtum und die Stadt Magdeburg übernahm Friedrich Wilhelm von Brandenburg, der Große Kurfürst. Von 1680 bis 1714 war Halle die Hauptstadt des Herzogtums, von 1714 an Magdeburg.

Es begann nun der Ausbau der Stadt zur stärksten Festung in Brandenburg-Preußen, der richtig in Schwung kam, als der gerade zum König in Preußen gekrönte Kurfürst Friedrich I. 1701 Fürst Leopold von Anhalt-Dessau zum Gouverneur von Magdeburg ernannte. 1715 stellte der »Alte Dessauer« den preußischen Ingenieur Cornelius Walrave ein, der in jahrzehntelanger Arbeit in der Tradition des französischen Festungsbaumeisters Sébastien Le Prestre de Vauban die neue und umfassende Befestigung Magdeburgs errichtete. Die Stadt wurde in der geometrischen Einbeziehung urbaner Wohnstrukturen und militärischer Befestigungskonzeption so sehr zum Idealfall einer Festungsstadt, dass die Kunstgeschichte später vom »Magdeburger Barock« sprechen sollte.

Um 1750 war die Befestigung im Wesentlichen vollendet. Die Stadt musste sich dabei dem Interesse Preußens an Magdeburg als Festungsstadt fast vollständig unterordnen. Wie sehr die Arbeiten die Stadt verändert hatten, macht der Vergleich zwischen der Fläche der Altstadt Magdeburgs und den Festungsanlagen deutlich: 1200 ha umfasste Erstere, 2000 ha beanspruchten Letztere. »Die Altstadt wurde vom Festungsgürtel förmlich eingeschnürt. Mitte des 18. Jhs. war das Festungssystem so sehr ausgebaut, dass die alte Handelsstadt mit ihren zahlreichen Türmen und Dächern regelrecht unter den hohen Wällen versank. Magdeburg war zur größten Festung Preußens geworden. König Friedrich Wilhelm I. schrieb 1730 an Leopold, dass Magdeburg eine so furchterregende Festung geworden sei, ›drum ich vor Magdeburg mehr Respekt habe, als vor 30.000 Mann‹« (Buchholz, S. 455).

Der Wiederaufbau, die Wiedererrichtung der Kirchen und der Bürgerhäuser, schritt in diesen Jahren auch mit Hilfe von Kollekten bei vielen protestantischen Fürsten und Städten langsam voran. Magdeburg hatte sich bis zum Ende des 17. Jhs. von den Folgen der Zerstörung von 1631 längst noch nicht erholt. Es lebten gerade einmal ca. 5.000 Menschen in der einstigen Metropole. Die Einwohnerschaft war zwar bis 1680 auf etwa 8000 Menschen angestiegen, die zwischen 1681 und 1683 wütende Pest hatte aber mehr als 30 % der Bevölkerung dahingerafft, darunter sehr viele Kinder.

Hugenotten und Pfälzer flüchten nach Magdeburg

Die Situation änderte sich für die Stadt schlagartig, als König Ludwig XIV. von Frankreich im Oktober 1685 das »Edikt von Nantes« aufhob, was den Hugenotten, einer kleinen Gruppe reformierter Christen, die ihnen 1598 gewährten Schutz- und Selbstverwaltungsrechte nahm und damit etwa 200.000 französische Protestanten zwang, außer Landes zu gehen. Friedrich Wilhelm I. reagierte sofort und erließ am 29. Oktober 1685 das »Potsdamer Edikt«, in dem wirtschaftliche Anschubhilfen und v. a. die rechtliche Gleichstellung mit der einheimischen Bevölkerung in Brandenburg-Preußen die Glaubensflüchtlinge locken sollten. Diese Ansiedlungsmaßnahmen zeitigten großen Erfolg, ca. 20.000 Hugenotten ließen sich in den brandenburgischen Territorien nieder.

Die meisten Zuwanderer gingen in die großen Städte. Neben Berlin und Potsdam profitierte besonders Magdeburg von diesem Zuzug – ca. 3500 Zuwanderer siedelten sich nach 1685 dort an. Ein Teil der Zuwanderer stammte aus Frankreich, der andere Teil setzte sich aus Pfälzern zusammen, die von den Truppen des französischen Königs aus der Kurpfalz vertrieben worden waren. Nach der 1686 gegründeten »französischen

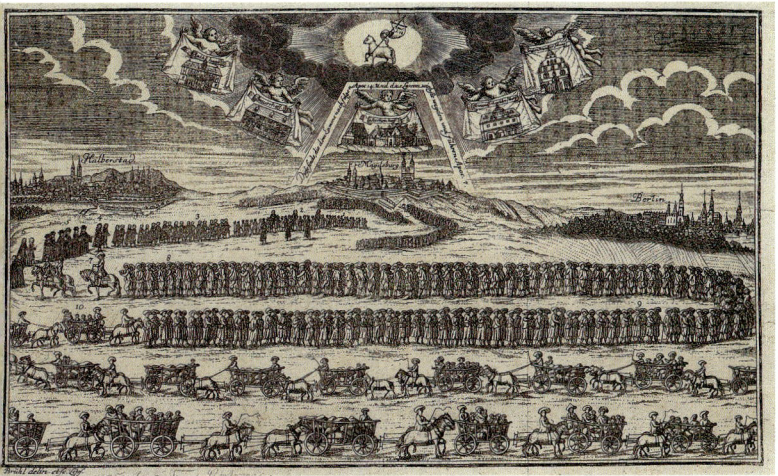

Einzug der Pfälzer Glaubensflüchtlinge und der Wallonen in Magdeburg nach 1689, Kupferstich

Kolonie« bildete sich ab 1689 die »Pfälzer oder Mannheimer Kolonie«. Letzterer wurde zusammen mit den nach Magdeburg geflohenen Wallonen die seit 1639 brachliegende Kirche des Augustinerklosters überlassen, die von 1694 an den Mittelpunkt der wallonisch-reformierten Gemeinde bildete. Bis heute wird diese Kirche daher als »Wallonerkirche« bezeichnet.

Die Zuwanderer kamen zumeist aus städtischem Milieu und damit aus Handel und Gewerbe, was dem Wirtschaftsleben Magdeburgs vom Ende des 17. Jhs. an einen erheblichen Auftrieb gab. Somit profitierte die Stadt letztendlich von der Eingliederung in den brandenburgisch-preußischen Staat und der staatlichen Wirtschaftsförderung durch den Großen Kurfürsten.

Aufbau der Barockstadt und Entstehung erster Manufakturen

Das Amt des Bürgermeisters und der Rat der Stadt wurden zwar nach 1680 nicht abgeschafft, aber die Entscheidungsgewalt war

Der Alte Markt in Magdeburg 1701. Auf der rechten Seite das Rathaus, in der Mitte des Alten Marktes die Säule mit dem Magdeburger Reiter

von nun an v. a. auf die Gouverneure und Kommandanten übergegangen, die vom brandenburgisch-preußischen Staat eingesetzt wurden. Erstere hatten die Oberaufsicht über die Stadtregierung, Letztere befehligten die in der Stadt liegenden Truppen und besaßen gegenüber den städtischen Behörden eine übergeordnete Stellung. So war Magdeburg in relativ kurzer Zeit nicht nur durch den Festungsbau, sondern auch in seinen inneren Macht- und Herrschaftsstrukturen zu einer preußischen Garnisons- und Festungsstadt geworden.

Die religiösen Auseinandersetzungen des 16. und 17. Jhs. traten indes in den Hintergrund, Magdeburg blieb während dieser Zeit streng protestantisch und hatte nun auch wegen der starken Stellung des aufstrebenden preußischen Staates im Heiligen Römischen Reich Deutscher Nation keine Maßnahmen gegen die Glaubensfreiheit der Stadt mehr zu befürchten.

Von 1680 an musste Magdeburg nach der Zerstörung von 1631 städtebaulich umfassend erneuert und den Bedürfnissen und Anforderungen des kommenden Jahrhunderts gemäß um- bzw. aufgebaut werden. Als Beispiele für diese städtebauliche Erneuerung seien das Rathaus genannt, das nach italienischem Vorbild mit hohem Walmdach und Turm in wesentlichen Teilen neu errichtet wurde, und der große Packhof, ein repräsentativer Bau am westlichen Elbufer aus der Zeit zwischen 1728 und 1731 mit reicher, figürlicher Ornamentik. Er diente als massives Lagergebäude für die Magdeburger Kaufmannschaft. Ebenfalls repräsentativ ausgebaut wurden der Breite Weg und der Domplatz. Straßen, Wasserversorgung und zahlreiche Infrastruktureinrichtungen wurden einer umfassenden Erneuerung unterzogen.

Auch das Wirtschaftsleben erhielt durch die zugewanderten Franzosen und Pfälzer im 18. Jh. einen erheblichen Aufschwung. Der Seiden- und Tabakanbau wurde durch sie eingeführt. Die Tuchfabrikation im Allgemeinen entwickelte sich schwunghaft. Schon 1690 errichtete der Mannheimer Jean Destinon in Magdeburg eine Strumpffabrik, die bald 200 Arbeiter beschäftigte. Die dadurch in Schwung kommende Strumpffabrikation legte im ersten Viertel des 18. Jhs. den Grundstein für einen starken Anstieg des Exports. Der Magdeburger Strumpf verkaufte sich auf den Messen in Braunschweig, Leipzig und Naumburg, ebenso in Holland, Hamburg, Bremen, Dänemark, Schweden und Russland. Auch die örtlichen Tuchfabriken entwickelten einen ähnlichen Exportradius in diesen Jahren. Der Hugenotte Johann Philipp Guischard gründete 1756 eine Fayence- und Steingutmanufaktur, die 1801 79 Arbeiter beschäftigte. Guischard besaß darüber hinaus in allen größeren preußischen Städten Niederlassungen. Das Unternehmen produzierte bis 1839. Es gäbe noch viele weitere Beispiele hugenottischer Wirtschaftstätigkeit im 18. Jh. zu erwähnen.

Kulturleben im 18. Jahrhundert

Auch wenn Festung und Garnison dem Magdeburg des 18. Jhs. unmissverständlich ihren Stempel aufdrückten, entwickelte

Netzvase mit Deckel, Fayence aus der Fayence- und Steingutmanufaktur Guischard, um 1780

sich in diesem an Katastrophen armen Jahrhundert der Aufklärung, Freundschaft, Geselligkeit und Empfindsamkeit auch hier ein reiches kulturelles Leben, das ebenfalls stark von der hugenottischen Einwanderung profitierte. Große Persönlichkeiten des Musiklebens sind in jener Zeit aus der Stadt hervorgegangen, v. a. Georg Philipp Telemann, der als einer der bedeutendsten Barockkomponisten gilt und mit seiner Verschmelzung französischer, italienischer und polnischer Musik einen »vermischten Geschmack« traf, womit er auch als ein Wegbegleiter der europäischen Musik gilt.

Die Kreise in Magdeburg, um die herum sich ein reiches Konzertleben und eine bürgerliche Geselligkeit entwickelten, bildeten sich vornehmlich aus der Lehrerschaft der vier Gymnasien, der Altstädtischen Schule, der Domschule und den Schulen des Klosters Unser Lieben Frauen und des Klosters Berge, der evangelischen Geistlichkeit der Stadt und der im Laufe des 18. Jhs. zu Wohlstand und Ansehen gekommenen Kaufleute und Fabrikanten. Hierbei ist v. a. der Organist, Musikdirektor und Komponist Johann Heinrich Rolle zu erwähnen, der 1764 mit den ersten öffentlichen Subskriptionskonzerten mit Kartenvorverkauf, den sogenannten Winterkonzerten, begann.

Zum gesellschaftlichen Mittelpunkt entwickelte sich in der zweiten Hälfte des 18. Jhs. die »Mittwochsgesellschaft«. 1760 unternahmen sieben wissenschaftlich gebildete Freunde eine Reise zum Brocken, dem höchsten Berg im nahegelegenen Harz. Dabei wurde die Idee einer Gesellschaft geboren, die den Zweck haben sollte, literarische Bestrebungen zu fördern und in der Sonnabend-Beilage der Magdeburgischen Zeitung kritische Rezensionen zu neu erschienenen dichterischen Werken zu veröffentlichen. Unter diesen sieben Männern waren auch der Dichter Johann Wilhelm Ludwig Gleim, der in Halberstadt mit dem sogenannten »Freundschaftstempel« ein literarischgeselliges Zentrum schuf, und der aus der Pfalz stammende Textilfabrikant und Kaufmann Heinrich Wilhelm Bachmann. Dieser gehörte zu dem Kreis um Gleim in Halberstadt und schuf in seinem Haus samt parkähnlichem Garten auf dem Werder, einer in der Elbe gelegenen Halbinsel in Magdeburg, den gesellschaftlichen und literarischen Mittelpunkt der Stadt. Friedrich Gottlieb Klopstock war dort mehrfach zu Besuch, ebenso die damals sehr bekannte Naturdichterin Luise Karsch, die sich zeitweilig im Bachmannschen Hause aufgehalten hat. Auch die »Mittwochsgesellschaft«, die über 50 Jahre Bestand hatte, traf sich in dessen Villa. Zu ihren Mitgliedern zählten u. a. der in Magdeburg lebende Philanthrop Johann Bernhard Basedow und Gotthilf Sebastian Rötger, Probst und Direktor des bekannten Pädagogiums am Kloster Unser Lieben Frauen.

Ein weiterer Kristallisationspunkt bürgerlichen Lebens bildete sich mit der Gründung der ersten Freimaurerloge 1761, die etwas später den Namen »Ferdinand zur Glückseligkeit« erhielt und nach einer Neugründung 1991 auch heute wieder existiert. Oberbürgermeister Friedrich Bötticher, erfolgreiche Kaufleute und Fabrikanten, Gerichtspräsidenten und Schriftsteller waren im Laufe ihrer Geschichte Mitglieder dieser Loge, die von 1794 an einen entscheidenden Beitrag zur Errichtung des Nationaltheaters in Magdeburg leistete. 1796 wurde das erste stationäre Theater in Magdeburg gegründet, das v. a. von theaterbegeisterten Kaufleuten finanziert worden war. Gleichzeitig wurde das erste eigene Ensemble verpflichtet.

Im Siebenjährigen Krieg (1756–63) erfüllte Magdeburg – als größte Festung Preußens und strategisch günstig am mittleren Verlauf der Elbe gelegen – eine militärtaktisch wichtige Funktion für Preußen. Von hier aus wurden Kriegsmaterialien wie Kanonen und Munition die Elbe aufwärts nach Sachsen transportiert. Als Festung bekam Magdeburg seine Bedeutung, als König Friedrich der Große nach der vorübergehenden Einnahme Berlins durch die österreichischen Truppen am 16. Oktober 1757 die königliche Familie hier unterbrachte, wo sie ihren sicheren Zufluchtsort fand, allen voran Königin Elisabeth Christine. Die Familie wurde in den Palaisgebäuden am Domplatz untergebracht, wo der Hof bis 1763 weilte, unterbrochen von zwei Rückkehrversuchen nach Berlin. Im Wesentlichen hielt sich die königliche Familie am in der Zeit des »Alten Dessauers« zu einem repräsentativen Barockplatz umgebauten Domplatz auf oder flanierte auf dem Fürstenwall an der Elbe und auf dem inzwischen in barockem Stil wieder aufgebauten Breiten Weg. Erst nach der Beendigung des Siebenjährigen Krieges kehrte die Familie endgültig nach Berlin zurück.

Unter französischer Herrschaft 1806–1814

Nachdem das neue Jahrhundert in Magdeburg mit großem Glockengeläut aller Kirchen und einem Chorkonzert auf dem Alten Markt begrüßt worden war, änderte sich nur wenige Jahre später schlagartig die Stimmung. Preußen erklärte am 9. Oktober 1806 Frankreich den Krieg, und schon fünf Tage später, am 14. Oktober 1806, erlitt es in der Schlacht bei Jena und Auerstedt eine schwere Niederlage gegen Napoleon. Für Magdeburg kam noch hinzu, dass Prinz Louis Ferdinand von Preußen, Dompropst in Magdeburg und Chef eines hier stationierten Regiments, in einer Vorschlacht fiel, was man als böses Menetekel deutete, da der preußische Prinz sich in der Stadt allgemeiner Beliebtheit erfreut hatte.

FRIEDRICH FREIHERR VON DER TRENCK
Der 1727 in Neuhaldensleben geborene Trenck gehört zu den Abenteurern des 18. Jhs. Er trat 1742 in preußische Kriegsdienste, war Ordonnanzoffizier Friedrichs II. im Zweiten Schlesischen Krieg und wurde 1745 wegen Spionageverdachts verhaftet. Möglicherweise wurde ihm die Verwandtschaft mit Franz Freiherr von der Trenck, einem österreichischen Oberst, oder die angebliche Liebesbeziehung mit Prinzessin Anna Amalia, einer Schwester des preußischen Königs, zum Verhängnis. Nach Inhaftierung und Flucht war er eine Zeit Rittmeister bei einem kaiserlichen Kürassier-Regiment in Ungarn, wurde in Danzig 1754 erneut verhaftet und in der Festung Magdeburg eingekerkert. Mehrere gescheiterte Fluchtversuche führten zu immer strengeren Haftbedingungen. Erst 1763 wurde er entlassen. Trenck zog sich Anfang der 80er-Jahre auf seine ungarischen Güter zurück und veröffentlichte seine bewegte Lebensgeschichte in drei Bänden. Er geriet schließlich in die Wirren der Französischen Revolution, wurde für einen österreichischen Spion gehalten und 1794 auf der Guillotine hingerichtet.

In den Tagen nach dem 14. Oktober kamen Teile der geschlagenen preußischen Armee in Magdeburg an, am 17. Oktober erreichte der König die Stadt. Schon am nächsten Tag ritt Friedrich Wilhelm III. weiter nach Osten und zog sich mit Königin Luise bis nach Memel ganz im Nordosten Preußens zurück, um sich dem Zugriff der französischen Armee zu entziehen. Den Gouverneur Magdeburgs, General von Kleist, ließ er ohne klare Befehle zurück. Bereits am 20. Oktober 1806 stand das französische Kavalleriecorps von Marschall Ney mit rund 7000 Mann vor Magdeburg und verlangte die Kapitulation der Stadt, in der sich rund 24.000 Mann der zurückflutenden Armeen befanden, darunter allerdings zahlreiche Verwundete. Die Festung verfügte zudem über 720 Geschütze, so dass sich von Kleist durchaus nicht einer Übermacht gegenüber sah. Napoleon wollte sich mit der stärksten Festung Preußens nicht lange aufhalten und führte seine Hauptkräfte nach Berlin.

In Magdeburg selbst herrschte in Erinnerung an die Zerstörung der Stadt 1631 indes große Unsicherheit. Diese Erinne-

Modell der Festung Magdeburg um 1750. Im Vordergrund die Turmschanze, im Mittelgrund die Zitadelle, abgerissen in den 1920er-Jahren

rung wurde nicht zuletzt durch das Schauspiel »Der Sturm von Magdeburg« aufrechterhalten, das von 1801 bis 1876 jährlich im Nationaltheater gespielt wurde. Die Bürgerschaft wurde mehrfach bei Gouverneur von Kleist vorstellig. Die einen verlangten, die Stadt gegen die französische Armee zu halten, und hofften auf ein Entsatzheer. Dabei soll von Kleist gesagt haben: »Seien sie ohne Besorgnis, ehe mir nicht das Schnupftuch in der Tasche brennt, kapituliere ich nicht.« Andere Teile der Bürgerschaft setzten sich hingegen für eine Kapitulation ein, da sie erhebliche Schäden in der Stadt durch eine mögliche Beschießung befürchteten. Am 8. November 1806 übergab der Gouverneur die Stadt in der Tat kampflos und rechtfertigte die Kapitulation mit der Überzeugung, »daß Magdeburg in einen Steinhaufen verwandelt werden würde«.

Am 11. November 1806 besetzten die Franzosen Magdeburg. Erst im Frieden von Tilsit wurde der Krieg zwischen Preußen und Russland auf der einen und Frankreich auf der anderen Seite am 7. und 9. Juli 1807 beendet. Die preußische Königin soll sich in einer Privataudienz mit Napoleon in Tilsit am 6. Juli 1807 für Magdeburg eingesetzt haben, was zwar ohne Erfolg blieb, aber zu einer nachhaltigen Verehrung Luises in der Stadt weit über ihren Tod hinaus führte.

Der Friede von Tilsit sah u. a. vor, dass Preußen alle Landesteile westlich der Elbe abzutreten hatte. Damit wurde Magdeburg für eine kurze Zeitspanne Teil des französischen Großreichs. Per Dekret vom 18. August 1807 wurde die Stadt mit dem Fürstentum Halberstadt, den Harzgrafschaften, der Altmark sowie den Kurfürstentümern Hannover und Hessen sowie dem Herzogtum Braunschweig und einigen weiteren Mittel- und Kleinstaaten dem neu geschaffenen Königreich Westphalen zugeordnet. Napoleons Bruder Jérôme wurde zum König gekrönt, Kassel zur Hauptstadt bestimmt. Magdeburg wurde zu einem von acht Oberzentren des Reiches, zu dem das Elbe-Departement gehörte, gebildet aus »der Altmark, dem nördlichen Teil des Herzogtums Magdeburg links der Elbe, dem braunschweigischen Amt Calvörde, dem hannoverschen Amt Klötze, dem Halberstädter Amt Weferlingen und den sächsischen Gebieten von Barby und Gommern. Die Stadt Magdeburg war in drei Kantone (Nord, Süd und West) eingeteilt« (Proßek, S. 225).

Preußen musste 1811 die rechts der Elbe gelegene Meierei Herrenkrug und die Dörfer Cracau und Prester an den Kanton Magdeburg abtreten. Die Vorstädte Neustadt und Sudenburg wurden in Hieronymus- und Catharienenstadt umbenannt und bildeten jeweils einen eigenen Kanton. Das Königreich Westphalen erhielt am 15. November 1807 eine Verfassung, die in Frankreich ausgearbeitet worden und zusammen mit dem bürgerlichem Gesetzbuch, dem »Code Civil de Napoléon«, den Werten der Französischen Revolution verpflichtet war und einen Modernisierungsschub v. a. für Verwaltung und Justiz brachte.

1808 fanden in Magdeburg die Wahlen für die Vertretungskörperschaften statt. Am 19. Oktober 1808 trat der Munizipalrat erstmals zusammen, der aus 21 Mitgliedern bestand, darunter zehn Großhändler. Sie wählten Graf Blumenthal zum Kanton-Maire, also Bürgermeister für die drei Magdeburger Kantone. Der Generaldepartementsrat wählte den bisherigen preußischen Landrat Ernst Alexander Graf von der Schulenburg-Emden zum Präfekten des Elbedepartements und zugleich Unterpräfekten für den Distrikt Magdeburg und den

Juristen August Wilhelm Francke zu seinem Generalsekretär und Stellvertreter. Francke blieb bis 1813 in dieser Position und wurde 1817 zum Oberbürgermeister von Magdeburg bestimmt.

Zu den wichtigsten Unternehmerpersönlichkeiten dieser Zeit, die sich nicht nur mit der französischen Herrschaft arrangierten, sondern auch Reichstagsabgeordnete waren, gehörten Johann Caspar Coqui und Johann Gottlob Nathusius. Letzterer war ein Großunternehmer an der Schwelle zum Industriezeitalter. Er war mit der Abwicklung des Klosterbesitzes in Privathand beauftragt worden und sicherte sich in der unmittelbaren Umgebung Magdeburgs große Besitzungen, darunter die Flächen des Klosters Althaldensleben und den Alvenslebischen Besitz in Hundisburg. »Die Gewerbefreiheit ermöglichte es ihm, Anlagen zu deren Verarbeitung (Zichorie) zu errichten (Aus Zichorie wurde in dieser Zeit eine Art Ersatzkaffee hergestellt). Während in Magdeburg die Tabakverarbeitung fortgeführt wurde, entstand außerhalb auf den Gütern in kurzer Zeit die ›Gewerbeanstalt‹, ein großes und vielgestaltiges, über Deutschland hinaus beachtetes industriell-agrarisches Musterunternehmen. Nathusius gründete Manufakturen und Fabriken für die Herstellung von Mehl, Gries, Graupen, Stärke, Öl, Malz, Bier, Essig und Likör, dazu eine der ersten deutschen Rübenzuckerfabriken und die erste auf Kartoffelbasis beruhende Spiritusfabrik. Steingut- und Porzellanmanufakturen, eine Eisengießerei, eine Kupferkammer und die erste, allerdings nur kurzlebige Maschinenfabrik ergänzten das Großunternehmen, in dem einige tausend Arbeiter angestellt waren und schon Dampfmaschinen zum Einsatz gelangten« (Asmus, Bd. 2, S. 254). Coqui, von hugenottischer Herkunft, betrieb seit 1788 eine Zuckerraffinerie in Magdeburg und war einer der reichsten Bürger der Stadt.

Auch wenn der »Code Napoléon« den Bürgern erhebliche Freiheiten, insbesondere die Gewerbefreiheit gebracht hatte, litten Handel und Wirtschaft, namentlich import- und exportorientierte Unternehmen, unter der von Napoleon seit dem 21. November 1806 verhängten Kontinentalsperre, die Englands Handel vom Festland abriegeln sollte. Die Getreideexporte, die auch nach England ausgerichtet waren, gingen bis 1810 drastisch zurück. Natürlich wurde versucht, die Sperre zu umgehen. 1810 wurden beschlagnahmte englische Stoffe, Tuche, Baumwolle, Tee, Kaffee, Zucker etc. zur Abschreckung öffentlich auf dem Domplatz in Magdeburg verbrannt.

Die französische Garnison hatte mit 17.500 Mann, die zum großen Teil in den Häusern der Magdeburger untergebracht wurden, eine 3–4-fache Größe der früheren preußischen Garnison. Die Situation für die Bürgerschaft war mehr als belastend.

Der preußische Beamtenapparat wurde von Friedrich Wilhelm III. aus dem Treueverhältnis gegenüber dem König entlassen und fast ausnahmslos vom französischen Staat übernommen, was ihm nicht selten den Vorwurf der Kollaboration mit dem Feind einbrachte.

Widerstand und Befreiungskriege

1809 begann sich in Preußen Widerstand gegen die französische Herrschaft zu regen. Der frühere preußische Hauptmann Karl Friedrich von Katte plante, Anfang April 1809 mit 500 Soldaten in die von Mitverschwörern von innen geöffnete Stadt einzudringen. Die Pläne wurden aber in Magdeburg vorzeitig aufgedeckt, so dass dieser Versuch misslang. Major Ferdinand von Schill zog mit seinem Husarenregiment quer durch Deutschland, lieferte sich am 8. Mai 1809 mit den Franzosen ein Gefecht in Dodendorf unweit von Magdeburg und fiel schließlich am 31. Mai 1809 in Stralsund im Straßenkampf. Die Magdeburger Bevölkerung zeigte wenig Begeisterung für diese gegen die französische Herrschaft gerichteten Bewegungen.

Napoleon nahm diese Widerstandsaktionen trotz ihres Scheiterns zum Anlass, zwischen 1810 und 1813 die Magdeburger Vorstädte Neustadt und Sudenburg sowie das Kloster Berge großflächig abzubrechen, um vor der Stadtbefestigung ein freies Schussfeld herzustellen. In diesem Bereich wurde nur der Aufbau niedriger, schnell niederzulegender Häuser erlaubt. Diese für Magdeburg typischen Gebäude erhielten den Namen »Rayonhäuser«. Die noch heute im Stadtbild vorhandenen Exemplare stammen jedoch nicht aus napoleonischer Zeit, sondern wurden im weiteren Verlauf des 19. Jhs. nach der preußischen Rayonordnung errichtet. Sudenburg wurde 2 km weiter westlich als selbständige Stadt neu errichtet.

1812 scheiterte der Russlandfeldzug Napoleons. Teile der geschlagenen Grande Armée zogen im Januar 1813 durch Magdeburg, mehrere tausend Soldaten aus dem Elbe- und Saale-Departement waren gefallen. Nun schlug die Stimmung auch in Magdeburg um. Der Dichter Karl Theodor Körner gab die Lage in den von Napoleon beherrschten Gebieten außerhalb Frankreichs mit folgenden Worten wieder: »Das Volk steht auf, der Sturm bricht los! Wer legt die Hände feig in den Schoß?« Die nun einsetzenden Befreiungskriege haben ihren Ausgangspunkt in der am 30. Dezember 1812 geschlossenen Konvention von Tauroggen (nördlich von Tilsit), in der Preußen sein Hilfskorps innerhalb der französischen Armee gegenüber Russland für neutral erklärte. Es dauerte aber bis zum 17. März 1813, bis Friedrich Wilhelm III. Frankreich den Krieg erklärte und in Breslau mit dem Aufruf »An mein Volk« um Unterstützung für den Kampf gegen Napoleon warb. Am 5. April 1813 besiegte die preußisch-russische Armee den Korsen bei Möckern östlich von Magdeburg. Am 1. August schloss sich Österreich der Koalition an. Von entscheidender Bedeutung war die Völkerschlacht bei Leipzig vom 16. bis 19. Oktober 1813, in der Napoleons Armee besiegt wurde, was nicht zuletzt das Ende des Königreichs Westphalen nach sich zog.

Napoleon war am 12. und 13. Juli 1813 in Magdeburg, inspizierte seine Truppen und ordnete weitere Demolierungen bzw. den Ausbau der Befestigungen an. Die Stadt war zur zentralen Befestigung auf der Elbelinie geworden, die außerdem aus Hamburg, Dömitz, Wittenberg, Torgau und Dresden bestand.

Nach der Völkerschlacht bei Leipzig zog Napoleon seine Truppen nach Frankreich zurück, die Elbefestungen behielt er aber in seiner Hand. Im Dezember 1813 kapitulierte Torgau, Wittenberg wurde im Januar 1814 von den Preußen genommen. Am 10. September 1813 hatte die Blockade Magdeburgs durch die Alliierten begonnen. Sie zog sich bis zum 16. April 1814 hin. An dem Tag begannen Übergabeverhandlungen, die

Einzug der preußischen Truppen in Magdeburg am 24. Mai 1814, Lithografie

am 21. April zum Abschluss eines Waffenstillstands führten. Die französischen Truppen verließen zwischen dem 16. und 23. Mai 1814 Magdeburg. Die Stadt war nicht erstürmt worden, die französischen Truppen erhielten ehrenvollen und freien Abzug.

Am 24. Mai 1814 zog das preußisch-russische Koalitionsheer unter dem Befehl des Generals von Tauentzien unter dem Jubel der Bevölkerung durch das Krökentor in die Stadt ein und nahm auf dem Domplatz Aufstellung. Die Zeit der französischen Herrschaft war beendet.

Aufbruch ins Industriezeitalter 1815–1918

Der Wiener Kongress und seine Folgen

Nach dem Ende der napoleonischen Herrschaft beschloss der Wiener Kongress 1815 die Neuordnung Europas, v. a. aber Deutschlands. Es lag im Interesse weder Österreichs noch der europäischen Großmächte Russland, Frankreich und England, ein national geeintes Deutschland zu schaffen. Daher wurde mit der Unterzeichnung der Bundesakte vom 8. Juni 1815 nicht nur das Heilige Römische Reich Deutscher Nation für erloschen erklärt, sondern der Deutsche Bund geschaffen, der von 35 souveränen Staaten sowie den vier Reichsstädten Frankfurt, Hamburg, Bremen und Lübeck gebildet wurde.

Der mit Abstand größte Einzelstaat war das Königreich Preußen. Dort wurde neben sieben weiteren Provinzen die preußische Provinz Sachsen geschaffen, zu der auch Magdeburg gehörte. Die Stadt besaß 1815 mit knapp 30.000 Einwohnern in etwa wieder die Größe wie vor der Zerstörung von 1631. Der Versuch Preußens, sich im Wiener Kongress das gesamte Königreich Sachsen einzuverleiben, scheiterte. Stattdessen erhielt es nur den Nordteil des Königreichs, der mit den altpreußischen Teilen, der Altmark, dem Herzogtum Magdeburg und dem Fürstentum Halberstadt verbunden wurde und nun die preußische Provinz Sachsen bildete, während das Königreich Sachsen im Süden davon, aus dem später der heutige Freistaat Sachsen wurde, weiterbestand.

Nach einigem Hin und Her wurde Magdeburg Provinzhauptstadt. Zudem war hier der Sitz eines von drei Regierungspräsidien, die das Land verwalteten; die beiden anderen befanden sich in Erfurt und Merseburg. Immer noch war Magdeburg jedoch eine der wichtigsten Festungen in Preußen, was den ständigen Vorrang militärischer vor zivilen Erfordernissen zur Folge hatte. Nur ein Teil der Provinzialbehörden wurde hier untergebracht, der andere Teil über die ganze Provinz verteilt.

Modell des Raddampfers »Stadt Magdeburg«, der 1839 vom Stapel lief

Der Oberpräsident nahm aber in der Stadt seinen Sitz. Auch das neu geschaffene, einheitliche Konsistorium der staatskirchlichen Verwaltung für die preußische Provinz Sachsen wurde hier eingerichtet.

Nach der Neugliederung des preußischen Militärwesens wurde Magdeburg ab 1815 auch Standort des Generalkommandos des IV. Armeekorps, womit es bis zum I. Weltkrieg seine Rolle als herausgehobene preußische Militärstadt behalten sollte. Die durch den mächtigen Festungsgürtel eingeengte Altstadt, die seit dem Mittelalter nicht mehr erweitert worden war, mit den Funktionen eines Verwaltungs- und Militärzentrums im allmählich heraufdämmernden Industriealter zu verbinden und die Stadt unter diesen Bedingungen weiterzuentwickeln, wurde zur entscheidenden Herausforderung nach der »Franzosenzeit«. Die in vielen deutschen Städten im Laufe des 19. Jhs. notwendig werdende »Entfestung«, um mehr Raum für die Stadtentwicklung zu schaffen, stellte sich in Magdeburg als ein besonders schwieriges Aufgabenfeld dar.

Als eine glückliche Entscheidung erwies sich die Ernennung August Wilhelm Franckes im Jahr 1817 zum Oberbürgermeister von Magdeburg durch den preußischen König. Diese Berufung war auf Bitten des Gemeinderates erfolgt. Francke hatte bereits als Generalsekretär des Elbedepartements im Königreich Westphalen umfangreiche administrative Erfahrungen erworben. Von einer kurzen Unterbrechung abgesehen, blieb er bis 1848 in diesem Amt und wurde in einer Stadtgeschichte Magdeburgs von 1901 sogar als ein »zweiter Otto von Guericke« (Wolter, S. 241) bezeichnet.

Zunächst galt noch bis 1831 die kommunale Verfassung aus der Zeit des Königreichs Westphalen. 1831 wurde die revidierte preußische Städteordnung eingeführt. Die Gewerbefreiheit blieb bestehen, so dass zusammen mit der Gründung des Deutschen Bundes 1815 und des Deutschen Zollvereins 1834 günstige wirtschaftliche Rahmenbedingungen für einen Aufschwung gegeben waren.

Beginn der Industrialisierung 1823

Motor der bald einsetzenden Industrialisierung in Magdeburg war der Anbau der Zuckerrübe in der überaus fruchtbaren Magdeburger Börde. Die Feldfrucht musste verarbeitet werden, und das förderte den Apparate- und Maschinenbau im nahen Magdeburg, das verkehrsgünstig an der Elbe gelegen war und gute Handelsbedingungen bot. 1823 wurde durch den Engländer Samuel Aston die erste Magdeburger Maschinenfabrik gegründet. 1837 entstand die Buckauer Maschinenfabrik als Werkstatt der »Magdeburger Dampfschiffahrts-Compagnie« und erlangte später Weltruhm. 1839 lief der erste vollständige Schiffsneubau dort vom Stapel: der Raddampfer »Stadt Magdeburg«. Die nun entstehenden Unternehmen siedelten sich außerhalb der festungsumschlossenen Altstadt vorzugsweise an der Elbe und an anderen Verkehrswegen an.

Nach dem Ende der französischen Herrschaft belebte sich der Schiffsverkehr auf der Elbe nach Hamburg erheblich und warf entsprechende Gewinne für den Handel ab. Vor allem die Produkte aus dem landwirtschaftlichen Hinterland wurden nach Hamburg verkauft und die Gewinne in die Gründung von Fabriken angelegt. 1825 gründete sich eine »Korporation der Kaufmannschaft zu Magdeburg« als Interessenvertretung der Wirtschaft. Zum allgemeinen wirtschaftlichen Aufschwung nach 1815 gesellte sich noch die entstehende Eisenbahntechnik. Obwohl die Eisenbahn in Magdeburg nicht auf ungeteilte Zustimmung stieß, trat 1835 unter der Leitung des Oberbürger-

Oberbürgermeister August Wilhelm Francke, Ölbild v. Ferdinand Hartmann, 1839. Vor ihm ausgebreitet der Plan vom Klosterbergegarten, entworfen von Peter Joseph Lenné

meisters Francke das Komitee zum Bau der Eisenbahn Magdeburg–Leipzig zusammen. 1840 war die Trasse fertig, die Strecken nach Halberstadt und Braunschweig 1843, nach Berlin 1846 und Richtung Norden 1849.

Modernisierung der Stadt unter Oberbürgermeister Francke

Franckes Bemühungen, Magdeburg zu einer modernen Großstadt in der Epoche der Frühindustriealisierung zu machen, waren vielfältig und erfolgreich. In seiner Zeit entstand eine neuartige städtische Wasserversorgung, die Straßen der Stadt wurden befestigt, ein neues Schulsystem unter der Leitung Karl Christoph Gottlieb Zerrenners, des letzten Propstes des Klosters Unser Lieben Frauen, entwickelt. Soziale und medizinische Einrichtungen entstanden, Gärten und Parkanlagen wurden angelegt. Francke verpflichtete den Potsdamer General-Gartendirektor der königlich-preußischen Gärten, Peter Joseph Lenné, der den ersten städtischen Friedhof außerhalb der Befestigung schuf, den Nordfriedhof, heute Nordpark, und v. a. den Klosterbergegarten im Süden der Altstadt anlegte. Bereits 1818 hatte Francke den Herrenkrugpark anlegen lassen. 1823 wurde die städtische Sparkasse gegründet, die gerade auch für die Bürger die Möglichkeit bieten sollte, wirtschaftliche Sicherheit zu erlangen und Vorsorge zu treffen.

Im Rahmen der Anlage des Klosterbergegartens erwarb die Stadt auch das Gelände des ehemaligen Klosters Berge. Schinkel wurde beauftragt, auf dessen Fundamenten ein Gesellschaftshaus zu entwerfen. 1828 wurde dessen erster Teil fertiggestellt, 1896 kam der südliche Anbau dazu, der zusammen mit dem Schinkelbau das heutige architektonische Gesamtbild ausmacht.

Kulturleben in der ersten Hälfte des 19. Jahrhunderts

Bereits gegen Ende des 18. Jhs. war in vorwiegend kaufmännischen Kreisen der Wunsch nach einem stehenden Theater in Magdeburg aufgekommen, da das Netz von deutschen Städten, die über ein festes Theater verfügten, in dieser Zeit immer dichter wurde und die Wanderbühnen, die gerne auch in Magdeburg gastierten, die guten Schauspieler an die festen Theater verloren. 1794 war daher eine Aktiengesellschaft mit dem Ziel gegründet worden, ein Schauspielhaus zu errichten. Am 21. Februar 1795 wurde ein solches am Breiten Weg im

DIE GROSSE DOMREPARATUR 1826–1834
In diese Zeit fiel auch die große Reparatur des Magdeburger Doms, des Wahrzeichens und wichtigsten Bauwerks der Stadt, das sich Anfang des 19. Jhs. in einem beklagenswerten Zustand befand. Von Karl Friedrich Schinkel, dem preußischen Oberbaudirektor, energisch befürwortet, fanden die Generalinstandsetzungsarbeiten zwischen 1826 und 1834 statt. Die Kosten wurden vom preußischen Staat übernommen. Im Rahmen dieser umfangreichen Reparaturarbeiten wurden auch einige Veränderungen vorgenommen, das »Himmlische Brautpaar« an die Stelle gerückt, wo es sich noch heute befindet, Gräber versetzt, Sandsteinplatten verlegt, etwas später das Grab Ottos des Großen geöffnet und dokumentiert. Die Gesamtkosten der Sanierung betrugen 221.012,12 Taler.

Herzen der Altstadt, das auch als Konzertsaal zu verwenden sein sollte, mit Mozarts »Zauberflöte« eröffnet. 1200 Besuchern bot das Haus Platz; die Bausumme hatte sich gegenüber den Planungen mehr als verdoppelt.

Das damit gegründete Magdeburger Nationaltheater sollte bis 1879 hindurch bestehen. Friedrich Ludwig Schmidt wurde als erster Direktor ernannt, ging allerdings 1805, aufgerieben vom Widerspruch zwischen künstlerischem Anspruch und kommerziellem Erfolgsdruck, nach Hamburg. Kritische Stimmen über die geistige Atmosphäre in Magdeburg gibt es in diesen Jahren mehrere. Schiller schrieb an Goethe: »Die Magdeburger Herren sind Lumpenhunde.« Der in Magdeburg geborene Karl Leberecht Immermann beklagte sich im März 1824: »Hier steht es schrecklich mit dem Theater … nicht sowohl mit dem Personal, was wirklich mittelmäßig genug ist, sondern mit dem Publico, welches kalt wie Eis sich nimmt und nur am Sonntag – wenn das Haus voller Schüler, Handlungsdiener und Handwerksgesellen steckt, warm wird.« Elisabeth von Nathusius urteilte über die Situation: »So wohlhabend und finanziell bedeutend der Magdeburger Kaufmannsstand auch war, so stand er doch damals in dem Ruf, sehr einseitig auf Erwerb und behaglichen Genuß gerichtet zu sein, im Gegensatz zu Hamburg und Leipzig, wo man andere und höhere Interessen pflegte.«

Der Magdeburger Dom nach der Restaurierung 1826 bis 1834, Ölbild von Carl Hasenpflug

Immerhin war zwischen 1834 und 1837 der junge Richard Wagner musikalischer Leiter des Theaters Magdeburg; doch auch er äußerte sich nicht sehr freundlich über die Stadt. Wahrscheinlich lag die Ursache für die kritischen Stimmen aus dem Kulturleben in der für das 18. und weite Strecken des 19. Jhs. spezifischen Zusammensetzung des Bürgertums: »Wo in Leipzig großbürgerlicher Geist und potente Geschäftigkeit die Buch- und Messestadt durchpulsen, bevölkern in Magdeburg Offiziere, Krämer und Beamte das provinzielle Szenario. Alle Kunst wird ihnen nur dann wirklich wichtig, wenn sie Aussicht auf finanziellen Gewinn verspricht« (Krusche, Bd. 1, S. 89).

Als zusätzlichen Grund für die vermeintliche oder tatsächlich fehlende Kulturaffinität der bürgerlichen Kreise in Magdeburg kann man das Fehlen kultureller Traditionen und Institutionen wie etwa Universitäten anführen, die sich in anderen Städten, v. a. in den Residenzstädten, in der Zeit nach dem Dreißigjährigen Krieg gebildet hatten. Trotzdem intensivierte sich in der Zeit des Vormärz (1815–1848) das kulturelle Leben in nicht unerheblicher Weise: 1835 wurde der Magdeburgische Kunstverein gegründet, in dem bedeutende Persönlichkeiten des öffentlichen Lebens vertreten waren. Er wurde schnell zu einem bedeutenden Motor des gesellschaftlichen, kulturellen Lebens. Zwei Generationen später wurde das 1906 eröffnete Kaiser-Friedrich-Museum, das spätere Kulturhistorische Museum, auf den Sammlungen des Kunstvereins aufgebaut.

Auch eine Persönlichkeit wie der französische Revolutionsgeneral, Politiker, Festungsbaumeister, Ingenieur und Mathematiker Lazare Carnot lebte von 1815 bis zu seinem Tod 1823 in Magdeburg. Er war nach Napoleons Rückkehr von der Insel Elba für 100 Tage dessen Innenminister geworden und konnte als Repräsentant der napoleonischen Herrschaft nicht mehr nach Frankreich zurückkehren, ohne Gefahr zu laufen, unter Anklage gestellt zu werden. Er stand mit bedeutenden Persönlichkeiten seiner Zeit wie z. B. dem Philosophen Hegel oder dem preußischen Staatskanzler von Hardenberg in Verbindung.

Städtebaulich hatte sich Magdeburg von seiner Zerstörung 1631 längst erholt und bot in der ersten Hälfte des 19. Jhs. ein barock-biedermeierliches Stadtbild mit noch immer vorhandener mächtiger Stadtbefestigung. Die Bilder dieser Zeit lassen durch rauchende Schlote im Hintergrund das heraufziehende Industriezeitalter nur dezent erahnen.

Im Ganzen gesehen setzte sich in Magdeburg die Aufwärtsbewegung des 18. Jhs. auch in den ersten Jahrzehnten des 19. Jhs. fort. In diesem Geiste erinnerte man am feierlich begangenen 200. Jahrestag der Zerstörung Magdeburgs am 10. Mai 1831 an diesen schweren Schicksalsschlag. Für die Zukunft entwarf Oberbürgermeister Francke ein optimistisches Bild, das besonders mit der Zugehörigkeit zu Preußen begründet wurde. So hatte sich die Identität Magdeburgs, das sich jahrhundertelang als quasi freie Stadt empfand und noch weit über den 10. Mai 1631 hinaus um Reichsfreiheit rang, gewandelt. Aus der Stadt Ottos des Großen und der Metropole des Erzbistums, der Hansestadt und Quasi-Reichsstadt, aus »Unseres Herrgotts Kanzlei« war eine überzeugte preußische Provinzhauptstadt geworden, was nach den vorhandenen staatlichen und gesellschaftlichen Rahmenbedingungen dieser Zeit einer realistischen Einschätzung entsprang, zumal sich auch die wirtschaftlichen Bedingungen durch das beginnende Maschinenzeitalter in fundamentaler Weise geändert hatten.

Vormärz (1815–1848)

Magdeburg nutzte die Chancen der Zugehörigkeit zu Preußen und seiner zentralen Lage in den frühen Jahren der Industrialisierung. Zwischen 1815 und 1848 verdoppelte sich die Einwohnerzahl von 29.300 auf fast 56.000 »… keine mitteleuropäische Stadt ist zwischen 1815 und 1849 schon so schnell gewachsen wie das preußische Handels- und Industriezentrum Magdeburg« (Wehler, zit. nach Tullner 2005, S. 567). »Dieser überraschende Befund lässt sich zunächst darauf zurückführen, dass die Stadt erheblich von der preußischen Zollpolitik nach 1818, der Elbschifffahrtsakte (die Elbschifffahrtsakte von 1821 hatte die alten Stapel- und Umschlagsrechte sowie die überkommenen Privilegien der Elbschiffer beseitigt und den Handel dadurch erheblich entlastet und belebt) und der Gründung des Deutschen Zollvereins als Handelsstadt profitierte und eine führende Handelsstellung im mitteldeutschen Raum erreichte« (Tullner 2005, S. 567). Um diese handelspolitische Situation möglichst optimal zu nutzen, wurden der neue Packhof und andere Anlagen errichtet, womit Magdeburg vor 1848 über die größten Speicheranlagen im Gebiet des Deutschen Zollvereins verfügte.

Auch wenn die örtlichen Fabrikanten in der ersten Hälfte des 19. Jhs. wirtschaftlich sehr erfolgreich waren, dominierte weiterhin das Handelsbürgertum, das auch die Gründung einer eigenen Handelskammer der Fabrikanten verhinderte. Letztere könnten ja der Kooperation der Kaufmannschaft, gegründet 1825, beitreten, so argumentierten die Kaufleute.

Trotz starker konservativer Strömungen in der Magdeburger Stadtgesellschaft, die v. a. in der Beamtenschaft und in Militärkreisen sowie in der orthodox-protestantischen Amtskirche vorherrschten, wurde Magdeburg eines der Zentren der

Revolution von 1848/49 in Preußen. Wie so oft in der Geschichte der Stadt spielten dabei religiös-theologische Auseinandersetzungen eine große Rolle. Die eher konservativen Kreise aus Staat, Kirche und Militärführung hatten sich in vielen Vereinen und Gesellschaften organisiert und besaßen im Vormärz zunächst die Meinungsführerschaft in der Stadt. Sie verstanden sich »vorwiegend als staatstragend-elitär« und waren »meist an neupietistisch-erweckungsbewegtem Gedankengut« orientiert (Tullner 2005, S. 568). Sie organisierten sich in der 1831 gegründeten Gesellschaft »Die Abendsprache«, die mit dem 1839 beigefügten Namen »Vespertina« bis 1945 Bestand hatte, in der »Donnerstag-Gesellschaft« und der »Magdeburger Bibelgesellschaft«. Hinzu kamen Traditionsvereine und Kriegervereine. Diesen konservativ ausgerichteten Zusammenschlüssen standen die bürgerlich-aufklärerischen Freimaurerlogen und die Gesellschaft »Harmonie« gegenüber.

Insgesamt war die gesellschaftliche Situation in der Zeit des Vormärz, insbesondere von 1815 bis 1840, von einer starken konservativen Grundströmung geprägt. In Magdeburg »waren in der ›königtreuesten Stadt der ganzen Monarchie‹, in der ›ersten preußischen Stadt, preußischer noch als Berlin‹ die Gesinnung und die Haltung der meisten Bürger und Einwohner zugleich geprägt von einer unterwürfigen Verherrlichung des Hohenzollernregimes, voran des Königs und der königlichen Familie. Die monarchistische Erziehung und Beeinflussung durch Staatskirche, Schule und Zeitung, nicht zuletzt auch durch das Elternhaus dominierte die öffentliche und private Meinung« (Asmus, Bd. 3, S. 11).

1840 kam es zum Thronwechsel in Preußen, auf Friedrich Wilhelm III. folgte Friedrich Wilhelm IV., mit dem das liberal und national gesinnte Bürgertum große Hoffnungen verband. Dessen Enttäuschungen richteten sich hauptsächlich auf die nicht hergestellte nationale Einheit Deutschlands im Wiener Kongress, das nicht erfüllte Versprechen einer Verfassung und die Existenz einer strengen Zensur.

Die mit dem Thronwechsel verbundenen Hoffnungen erfüllten sich jedoch nicht, wodurch sich die Konflikte in Preußen, aber auch im Deutschen Bund insgesamt erheblich

Magdeburg von Südosten, Ölbild von Carl Hasenpflug, 1831. Links im Bild das Gesellschaftshaus, errichtet auf den Fundamentresten des abgebrochenen Klosters Berge

verstärkten. In Magdeburg erhielten diese politischen Spannungen zudem eine starke religiöse Komponente. Die Entfremdung zwischen der protestantischen Staatskirche und der rationalistischen und aufklärerischen Bewegung innerhalb der evangelischen Kirche nahm durch den »Magdeburger Bilderstreit« zwischen 1838 und 1840 zu, in dessen Folge ein tiefer Spalt in der protestantischen Kirche sichtbar wurde. Auf der einen Seite wurde das Magdeburger Konsistorium zum Zentrum der orthodoxen Amtskirche in Preußen, auf der Dissidentenseite standen die »protestantischen Freunde«, die sich bald »Lichtfreunde« nannten, eine Bezeichnung, die ihre Gegner für sie benutzt hatten. Zur herausragenden Persönlichkeit in Reihen der Lichtfreunde wurde Leberecht Uhlich, Prediger der »Freien Christlichen Gemeinde«, schließlich 1848 Abgeordneter der Preußischen Nationalversammlung. Er hatte sich in der Nachfolge Luthers der Erneuerung der evangelischen Kirche verschrieben.

Die beiden Flügel innerhalb der evangelischen Kirche standen sich in den kommenden Jahren unversöhnlich gegenüber. Neben den Bürgerversammlungen bildeten nun die Lichtfreunde zunehmend ein Sammelbecken der nicht nur religiös, sondern auch politisch Unzufriedenen, da in ihren Versammlungen durchaus auch politische, soziale und kulturelle Fragen behandelt wurden, was sie für Teile des Bürgertums und der Unterschichten sehr anziehend machte. Die Bewegung der Lichtfreunde löste bis 1848 die Gründung zahlreicher Vereine aus, die sich dem Ziel der Demokratisierung des Staates verschrieben hatten. Innerhalb dieser Bewegung wurden Frauen die gleichen Rechte eingeräumt, womit hier eine Wurzel der späteren Frauenbewegung entstand.

Neben der primär religiös motivierten Lichtfreundebewegung bildete sich eine weitere Reformströmung in den Kreisen des liberalen Wirtschaftsbürgertums und bürgerlicher Intellektueller ab 1840 heraus. Um dieser politischen Richtung eine öffentlich wahrnehmbare Stimme zu geben, wurde im März 1843 die politische Wochenzeitung »Magdeburger Wochenblatt für Angelegenheiten des bürgerlichen Lebens« gegründet. 1843 gelang dem Unternehmer Gustav Coqui, einem überregional bekannten, liberal gesonnenen Mann, der Einzug in den Provinziallandtag der preußischen Provinz Sachsen.

Die mit der beginnenden Industrialisierung einsetzende soziale Frage, die Karl Marx später als »Verelendung« von Arbeitern bezeichnete, wurde vom gebürtigen Magdeburger Wilhelm Weitling mit der Gründung des »Bundes der Gerechten« 1836 in Paris beantwortet, der 1847 unter dem Einfluss von Marx und Engels in »Bund der Kommunisten« umbenannt wurde.

Revolution 1848/49

Die politische und soziale Lage spitzte sich 1846/47 in Deutschland zu. Forderungen nach Abschaffung der Zensur auf der Seite des Bürgertums und der politischen Restriktionen auf Seiten des Staates wurden lauter. 1847 kamen eine Wirtschaftskrise und die letzte große Hungersnot der vorindustriellen Zeit zusammen. Missernten sowie die seit 1844 grassierende Kartoffelfäule führten zur Verknappung und Verteuerung der Lebensmittel, was es vielen Handwerkern und Arbeitern unmöglich machte, für ihre Familien ausreichend zu sorgen. Als dann in Schlesien die Weberaufstände losbrachen, kam es überall in Deutschland zu sozialen Protesten und Streikaktionen. Die Februarrevolution 1848 in Paris lieferte in dieser angespannten Lage den Zündfunken für die nun ausbrechende Märzrevolution, die gut ein Jahr andauern sollte. Auch in der Sitzung der Magdeburger Stadtverordneten am 9. März 1848 schlugen die Wogen hoch. Man einigte sich darauf, dass man dem preußischen König »diejenigen Wünsche vortragen (sollte), die auch in der Bürgerschaft hiesiger Stadt in jüngster Zeit laut geworden seien« (Asmus, Bd. 3, S. 42). Diese Wünsche betrafen die baldige Einberufung des Vereinigten Landtags, die vollkommene Religions- und Pressefreiheit, Wahlreformen, Geschworenengerichte etc. Die Spannungen nahmen in den folgenden Tagen zu.

Am 15. März kam es auf dem Domplatz zu tumultartigen Auseinandersetzungen zwischen den Demonstranten, da die verhassten Repräsentanten der Obrigkeit, Konsistorialpräsident Göschel und Polizeidirektor Kamptz, dort wohnten. Fensterscheiben gingen zu Bruch, es wurde mit den damals üblichen Katzenmusiken protestiert, das Militär griff ein, mehr als 40 Demonstranten, von denen einige an ihren Verletzungen später starben, wurden verwundet, Göschel und Kamptz mussten die Stadt verlassen. Leberecht Uhlich wurde auf Drängen der Stadtverordnetenversammlung am 18. März 1848 zum Ehrenbürger ernannt, der Magdeburger Freien Gemeinde wurde die Wallonerkirche vom königlichen Landes- und Kirchenherrn zur Verfügung gestellt, womit diese als Religionsgemeinschaft anerkannt war.

Als am 18. März die Barrikadenkämpfe in Berlin begannen, verfolgte man das allerorten mit großer Spannung. Einige Magdeburger nahmen an den Kämpfen teil, hunderte reisten dorthin, um an den Trauerfeierlichkeiten für die Gefallenen der Märzkämpfe teilzunehmen. Der königstreue Oberbürgermeister Francke trat am 1. Juli 1848 tief betroffen von der Revolution und ihren radikalen Auswüchsen nach knapp 30 Jahren Amtszeit zurück, womit eine Ära endete. Erst im August 1851 konnte das Amt wiederbesetzt werden.

Nach dem Sieg der Revolution in den Berliner Barrikadenkämpfen am 18./19. März verkündete Friedrich Wilhelm IV., sich an die Spitze der konstitutionellen und nationalen Bewegung zu stellen. Die nun eingeführten Rechte und Freiheiten hatten schlagartig die Entstehung eines ungehinderten politischen Lebens zur Folge. Im Mai wurden die preußische Nationalversammlung in Berlin und die deutsche Nationalversammlung gewählt, die in der Frankfurter Paulskirche tagte. Aus Magdeburg wurden der Eisenbahningenieur Hans Victor von Unruh und der Gymnasialprofessor Friedrich Wilhelm Pax als Repräsentant der Lichtfreunde-Bewegung in die preußische Nationalversammlung entsandt. Auch Uhlich erhielt ein Mandat. Von Unruh wurde im Oktober 1848 für wenige Wochen zum Präsidenten der Versammlung gewählt.

Schon Ende März begann sich unter den Konservationen und Königstreuen in Magdeburg um den Oberlandesgerichtspräsidenten von Gerlach die Gegenbewegung zu formieren. Er organisierte und sammelte die Gegner der Revolution und gründete die konservative Kreuzzeitung, die publizisch gegen die Revolution zu Felde zog. Zu den Personen, die er heranzog, gehörte auch Otto von Bismarck, der seit 1847 im preußischen Vereinigten Landtag aller acht Provinzen als Vertreter der Ritterschaft saß und durch strikt konservative Einstellungen auf sich aufmerksam gemacht hatte. Die erste Generalversammlung des Vereins für König und Vaterland, den die preußischen Hochkonservativen am 2. Juli 1848 in Nauen gründeten, fand am 14. Juli in Magdeburg statt. Etwa 500 Teilnehmer wurden gezählt.

Von August bis zum Ende des Jahres 1848 grassierte eine Choleraepidemie in Magdeburg, die 2440 Opfer fand und erheblich zum Abflauen des revolutionären Schwunges in der Stadt beitrug. Im Frühjahr 1849 scheiterte die Revolution endgültig, als der preußische König die vom Paulskirchenparlament am 27. März 1849 beschlossene Verfassung genauso ablehnte wie seine Wahl zum Kaiser eines »kleindeutschen« konstitutionellen Bundesstaates unter Ausschluss von Österreich. Die preußische Nationalversammlung wurde wenige Wochen später vom König aufgelöst. Die Aufstände, die sich daraufhin in Sachsen und im deutschen Südwesten entwickelten, schlugen preußische Truppen nieder.

Aufstieg zur Großstadt

Victor von Unruh, der bei der Auflösung der preußischen Nationalversammlung Vizepräsident der zweiten Kammer war, kommentierte das Geschehen so: »Keine Hoffnung ist erfüllt, auch nicht die bescheidenste. Wir sind hinter die Zustände von 1847 zurückgeworfen« (Tullner 2005, S. 581). Unruh wurde von der Stadtverordnetenversammlung zum Oberbürgermeister gewählt; da der preußische König die Wahl jedoch nicht bestätigte, blieb die Stadtspitze Magdeburgs verwaist, bis Carl Gustav Hasselbach am 20. August 1851 zum Bürgermeister bestimmt wurde. Die Wahl des konservativen preußischen Beamten wurde durch den König bestätigt. Für Hasselbach stellte sich die dringende Aufgabe, die politische Entfremdung zu überwinden, die durch die Revolution 1848/49 und ihre Niederschlagung durch die preußische Regierung mit dem König eingetreten war, da ein Andauern dieses Zustands zum Nachteil Magdeburgs gewesen wäre. Immerhin zeigte seine Ernennung zum Oberbürgermeister 1853, dass der Monarch mit Hasselbachs Wirken in Magdeburg zufrieden war.

Die Spannungen der Stadt mit dem preußischen König waren nicht nur in deren aktiver Rolle in der Revolution 1848/49 begründet, sondern auch und v. a. in der Existenz einer großen, freien kirchlichen Gemeinde, die bei Amtsantritt Hasselbachs ca. 8000 Mitglieder hatte – bei ca. 56.000 Einwohnern eine stattliche Zahl! Hinter dieser Kirche standen die »Lichtfreunde« unter der Leitung Uhlichs. Diese Bewegung hatte die Ziele der Revolution aktiv unterstützt und die Autorität der preußischen Staatskirche in Frage gestellt. Schon die Selbstbezeichnung »protestantische Freunde« zeigte, dass man sich der

FOLGENSCHWERE ENTSCHEIDUNG FÜR DIE POSITION IM EUROPÄISCHEN EISENBAHNNETZ

Die Aufgaben, die vor dem neuen Oberbürgermeister lagen, waren gewaltig. Viele der Herausforderungen wurden während seines 30-jährigen Wirkens gelöst. In einer wichtigen Frage, nämlich der des Baus eines neuen Zentralbahnhofs, der die Stadt an das entstehende europäische Eisenbahnnetz angeschlossen hätte, wurde jedoch 1854 durch die Entscheidung, die beiden dicht an der Elbe gelegenen Bahnhöfe beizubehalten und keinen neuen, weiter außerhalb anzulegenden Durchgangsbahnhof zu errichten, eine folgenreiche Fehlentwicklung eingeleitet, die Magdeburgs Aufschwung eher dämpfte. »1854 fiel mit dem Verzicht auf einen Durchgangsbahnhof die Entscheidung, dass Magdeburg zu einem zweitrangigen Eisenbahnknotenpunkt wurde. Daran änderte auch der verspätete Bau des 1873/74 eröffneten Hauptbahnhofs nichts. Magdeburg schied für immer aus dem europäischen Eisenbahnfernverkehr aus« (Mai, S. 49).

So wurde Magdeburg etwa durch die 1871 eröffnete Strecke von Berlin Richtung Hannover nördlich über Stendal und Lehrte umgangen – eine Entscheidung, die sich nach der Wende 1989/90 gewissermaßen wiederholte, als die ICE-Strecke zwischen Berlin und Hannover über Stendal und Wolfsburg nördlich an Magdeburg vorbei errichtet wurde.

preußischen Regierung widersetzte, die als amtlichen Begriff »evangelische Kirche« festgelegt hatte.

In den Augen des preußischen Königs, der vom christlichen Staat träumte und als »Erweckungschrist auf dem Thron« galt, waren die Anhänger der Freikirche »Heiden«, die es zu bekämpfen galt. Friedrich Wilhelm IV. wollte »mit geistlichen Waffen den rationalistischen Tendenzen der modernen Welt« begegnen und das evangelische Christentum in Preußen wiederbeleben (Myrrhe, S. 108).

Die Gemeinde wurde aber auch deshalb bekämpft, weil sie bürgerliche Freiheitsrechte und konstitutionelle Reformen durchsetzen wollte. Darüber hinaus hatte sie in ihrer inneren Struktur ein gesellschaftliches Gegenmodell zum autoritären preußischen Ständestaat ausgebildet: Männer und Frauen besaßen in der Gemeinde gleiche Rechte und uneingeschränkte Glaubensfreiheit. Man wandte sich außerdem der immer dringender werdenden »sozialen Frage« zu und kämpfte für eine bessere Bildung der unteren Schichten und für soziale Gerechtigkeit. 1850 wurde der Frauenverein gegründet, der mit dem Hamburger und dem »Allgemeinen Deutschen Frauenverein« in Verbindung stand.

Auf die freie Gemeinde wurde ab 1850 erheblicher staatlicher Druck ausgeübt. Anfang 1855 kam es durch einen Gerichtsbeschluss zu ihrer Schließung. Im Kern lautete der Vorwurf, politische Debatten zu führen, was nach dem Vereinsgesetz verboten war. Erst in der »Neuen Ära in Preußen«, die mit dem Amtsantritt Wilhelms I. 1858 begann, änderte sich die Haltung des Staates gegenüber den Freikirchen. 1859 wurde auch die freie Gemeinde in Magdeburg als »Freie Religionsgemeinschaft« wieder eröffnet.

In ökonomischer Hinsicht war die Amtszeit Hasselbachs geprägt durch zwei gegenläufige Tendenzen. Die Handelskraft Magdeburgs ging durch die Verlagerung der Transporte vom Fluss auf die Schiene massiv zurück. Die schlechte Eisenbahnanbindung ließ die Warenströme an Magdeburg vorbeigehen. In wenigen Jahren verlor die Stadt, die als Handelsstadt um 1830 Leipzig noch ebenbürtig war, erheblich an Bedeutung. Auf der anderen Seite erlebte die Stadt ab 1850 eine stürmische Industrialisierung im Bereich Maschinen-, Schiffs- und Armaturenbau.

Für die neu entstehenden Fabriken bot die Altstadt aufgrund ihrer Festungssituation zu wenig Raum. Die Industrie siedelte sich daher in den Vorstädten Neustadt, Sudenburg und v. a. Buckau an, die nicht nur den Raum boten, sondern auch nah an den neuen Eisenbahnen lagen. Die wichtigsten der Fabriken, die zwischen 1823 und 1885 entstanden, waren: S. Aston 1823; Gräflich-Stolbergsche Maschinenfabrik 1840; Maschinenfabrik Buckau 1838; Maschinenfabrik Röhrig & König 1845; Maschinenfabrik F. W. Schöttler & Co. 1846; Maschinenfabrik und Schiffbauwerkstatt Hermann Gruson 1855; Armaturenfabrik Schäffer & Budenberg 1858; Lokomobilfabrik Rudolf Wolf 1862; Stahlgießerei Otto Gruson 1871; Armaturenfabrik Eugen Polte 1885.

Bis 1871 wuchs die Bevölkerung Magdeburgs zusammen mit den Vorstädten auf über 114.000 an. Neben der dringend notwendigen Stadterweiterung wurde die Infrastruktur von Hasselbach in Angriff genommen. Ab 1851 wurde eine Gasanstalt errichtet, 1853 brannten Gaslaternen in der Stadt. Neben der Stadtbeleuchtung stellte sich die Wasserver- und -entsorgung als großes Problem heraus. Im Wesentlichen versorgte bis dahin die Elbe die Stadt mit Wasser, was wegen der zunehmenden Verschmutzung des Flusses durch die stark anziehende Industrialisierung und die damit zusammenhängende explosionsartige Bevölkerungsvermehrung erhebliche stadthygienische Missstände hervorrief. 1859 wurde das neue Wasserwerk in Buckau eröffnet, was zu einer Verbesserung der Wasserqualität führte. Ein Kanalisationssystem und die Pflasterung der Straßen sowie eine erste öffentliche Schwimmhalle ergänzten diesen wichtigen Schritt auf dem Weg zur Großstadt.

Als eine geradezu existenzielle Frage für die Zukunft stellte sich aber die Entfestung Magdeburgs dar, um die dringend benötigte Stadterweiterung zu ermöglichen. Den Vorrang vor den Interessen der Stadt besaß in den 50er- und 60er-Jahren aus Sicht der preußischen Regierung jedoch noch immer die Festung mit ihren militärischen Funktionen. Zudem stand das liberale Bürgertum der Stadt in kritischer Distanz zur preußischen Regierung. Die 1861 durch von Unruh und andere gegründete Deutsche Fortschrittspartei erhielt in Magdeburg starken Zulauf. 1863 zeigten sich die Gegensätze sehr deutlich, als das liberale Bürgertum die 50-Jahr-Feier der Völkerschlacht von Leipzig unter anderem in Magdeburg zur Manifestation seiner Forderung nach Freiheit und v. a. nationaler Einheit werden ließ, was Hasselbach in eine schwierige politische Position brachte: Dem liberalen Bürgertum stand in Magdeburg zu jeder Zeit auch eine große konservative Gruppe gegenüber, die sich aus Militärkreisen, Beamtentum und Staatskirche rekrutierte.

Die Situation änderte sich nach dem Sieg Preußens über Österreich 1866, als der liberale Teil der Bürgerschaft der bismarckschen Politik, die auf die Herstellung der deutschen Einheit abzielte, folgte. Damit verbreiterte sich auch die politische Basis für die Politik Hasselbachs, die nun auf einem viel größeren städtischen Konsens aufbauen konnte als vorher. So konnte er sich mit Nachdruck der großen Aufgabe der Stadterweiterung zuwenden, die sich bei der schnell wachsenden Zahl der Bürger dringender stellte als je zuvor. Nun kamen der Stadt zwei Tendenzen zugute: Die Vorstädte begannen sich zum einen für die Eingemeindung zu interessieren; den Anfang machte die Stadt Sudenburg, die 1867 auf eigenen Antrag eingemeindet wurde. Zum anderen förderten die militärischen Erfolge Preußens sowie Veränderungen der Militärtechnik die Einsicht auf Seiten der Regierung, dass die Festung in Magdeburg aus strategischer Sicht stark an Bedeutung verloren hatte. Diese Erkenntnis machte den Weg für Verhandlungen über den Verkauf des Festungsgeländes an die Stadt frei, obwohl Magdeburg nach wie vor zu den preußischen Festungen I. Ordnung zählte und nach 1866/67 immer noch Arbeiten an den Anlagen in größerem Umfang stattfanden.

Schließlich wurde ein großes Gelände an Eisenbahngesellschaften zum Bau eines Zentralbahnhofs samt Gleisanlagen verkauft und im Herbst 1870 der Vertrag zwischen der preußischen Regierung und der Stadt über die zur Erweiterung notwendigen Festungsflächen geschlossen.

Kulturleben in der Ära Hasselbach 1851–1881

Auch wenn das Kulturleben in Magdeburg in der zweiten Hälfte des 19. Jhs. nicht die Ausstrahlung großer Residenzstädte in Deutschland erreichte, belebte und intensivierte sich die städtische Kulturlandschaft nicht unwesentlich. Die Ursache lag v. a. in der wirtschaftlichen und sozialen Transformation von einer militärisch geprägten Garnisions- zur Industriestadt, die 1871 zusammen mit den Vororten die Größe von 100.000 Einwohnern überschritt. Zwar spielte das Militär immer noch eine große Rolle, aber im Kulturleben setzten das ökonomisch erfolgreiche Bürgertum und auch die allmählich zu bescheidenem Wohlstand kommende Mittelschicht zunehmend die Akzente. So gründeten sich Sänger-, Turn-, Wehr- und Schützenvereine, die an die Traditionen der Befreiungskriege anknüpften.

WILHELM RAABE IN MAGDEBURG
Der Schriftsteller Wilhelm Raabe verbrachte von 1849 bis 1853 eine vierjährige Lehrzeit als Buchhändler bei seinem Magdeburger Lehrherrn, dem Betrieb »Vater und Sohn Kretschmann«. Er erhielt dort Zugang zu den Werken Heinrich Heines oder Ferdinand Freiligraths, die sich als Autoren des Realismus immer auch mit der restaurativen Politik Preußens gerade nach der Revolution 1848/49 kritisch auseinandersetzten. Raabe erlebte die Spannung zwischen dem politisch enttäuschten Bürgertum und den konservativen Kreisen in der Stadtbevölkerung. Nicht zuletzt beschäftigte er sich mit der reichen Geschichte Magdeburgs. 1861 erschien sein historischer Roman »Unseres Herrgotts Kanzlei«, in dem die Standhaftigkeit der Stadt in den Jahren 1550/51 als Hochburg des Protestantismus im Widerstand gegen Kaiser und Papst als historisches Vorbild für die Möglichkeit, Veränderungen durch eine starke und mutige Haltung herbeizuführen, literarisch gewürdigt wird.

Auch im Theaterbereich vollzogen sich in der Zeit Hasselbachs wesentliche Änderungen. Für das 1795 in der Dreiengelstraße nach Entwürfen von Friedrich Wilhelm von Erdmannsdorff, Architekt des berühmten Wörlitzer Schlosses, erbaute Nationaltheater erwarb Rudolph Wirsing 1846 die Konzession. Er eröffnete auch das vor dem Ulrichstor gelegene erste Magdeburger Vorstadttheater mit dem Namen »Tivoli«. Das Programm bestand vorwiegend aus Schwänken und Lustspielen. Bei schlechtem Wetter wich man in das Theatergebäude in der Dreiengelstraße aus. Wirsings Nachfolger Julius Eicke errichtete 1849 auf der Elbhalbinsel »Werder« das neue »Tivoli-Theater«, das 1600 Plätze umfasste. Auch hier wurde kein klassisches Theater gespielt, sondern »eine Art Varietéprogramm mit dressierten Hunden, Pferden, Kraftmenschen, Zauberern und Affendarstellern« (Dürre, S. 191). Es entstanden noch weitere Vorstadt-Theater, die sich beim Magdeburger Publikum großer Beliebtheit erfreuten. Das alte Nationaltheater schien dem Verfall preisgegeben. Es genügte den modernen Ansprüchen nicht mehr, so dass ab 1860 der Plan aufkam, ein neues Theater zu errichten, was 1876 auch realisiert wurde. Am 6.

Mai wurde das Stadttheater gegenüber dem neuen Hauptbahnhof feierlich mit Goethes »Egmont« eröffnet. Das alte Theater diente ab 1879 als Turnhalle und wurde im II. Weltkrieg zerstört. Auch das neue Stadttheater wurde nach einer umfangreichen Sanierung in den 1920er-Jahren im II. Weltkrieg stark beschädigt und in den 1950er-Jahren gesprengt.

Ein überregional ausstrahlendes Ereignis war das Magdeburger Musikfest 1856, das der Stadt reichlich kulturelles Renommé einbrachte. Über 500 Musiker, darunter über 120 Auswärtige, musizierten unter großem Beifall der Magdeburger Bürger. Trotz des großen Erfolges wurde danach kein zweites Musikfest organisiert.

In die Zeit Hasselbachs fielen auch die Anfänge der heutigen Magdeburger Museumslandschaft, wobei erste Ausstellungen schon am Ende des 18. Jhs. stattgefunden hatten. Seit 1793 veranstaltete die Provincial-Kunstschule Ausstellungen. Ab 1836 verstärkte der sich in diesem Jahr gründende Kunstverein die Ausstellungstätigkeit. 1859 wurde der inzwischen angewachsene Bestand an Gemälden in einem Vereinsmuseum gezeigt. 1886 berief der Nachfolger Hasselbachs, Oberbürgermeister Friedrich Bötticher, eine »Commission für die Vervollständigung der Muscumssammlungen und den Bau eines städtischen Museums«, die den Bedarf an Ausstellungsflächen und mögliche Standorte ermittelte. Wilhelm von Bode, Direktor der königlichen Museen in Berlin, wurde für das Vorhaben gewonnen. Im Laufe von mehr als 30 Jahren erwarb er im Auftrag der Oberbürgermeister Bötticher, Schneider, Lentze und Reimarus Gemälde und kunstgewerbliche Objekte für das entstehende Museum, für das Theodor Volbehr als Gründungsdirektor ab 1893 arbeitete. 1906 wurde schließlich das Kaiser-Friedrich-Museum als Ausstellungsstätte für Kunst und Kunstgewerbe eröffnet, das heute den Namen Kulturhistorisches Museum trägt.

Parallel zu dieser Entwicklung bildete sich zum 100. Geburtstag Alexander von Humboldts 1869 der Naturwissenschaftliche Verein, der ab 1875 private Räumlichkeiten seiner Mitglieder zum Museum herrichtete. 1893 zog das Naturwissenschaftliche Museum mit in das Gebäude Am Domplatz 5, das seit Ende 1888 die städtischen Kunst- und Kunstgewerbesammlungen beherbergte. 1904 übernahm die Stadt die Trägerschaft über das Museum.

Die jüdische Gemeinde in Magdeburg

In der Zeit der französischen Herrschaft veränderte sich die Situation der Juden in Magdeburg nach Jahrhunderten der Vertreibung und Verfolgung 1808 schlagartig: Sie wurden durch einen Erlass Jérôme Bonapartes von 1808 den christlichen Bürgern vollständig gleichgestellt.

1809 wurde Isaak Heilbronn zum Rabbiner in Magdeburg bestellt. Die jüdische Gemeinde wuchs von 255 Mitgliedern 1810 auf fast 2000 am Ende des 19. Jhs. 1845 scheiterte der Versuch Oberbürgermeister Franckes und des Magistrats, die rechtliche Gleichstellung der Juden von 1808 wieder rückgängig zu machen, am Einspruch der Provinzial-Stände-Versammlung. 1848 wurde die (formale) Emanzipation Verfassungsgrundsatz in Preußen.

Die Integration der Juden in die Stadtgesellschaft Magdeburgs schritt in der zweiten Hälfte des 19. Jhs. voran, in den 60er- und 70er-Jahren bildeten sich aus der jüdischen Gemeinde heraus aktive Wohltätigkeitsvereine. Ab 1877 wurde in den beiden Realschulen Magdeburgs und dem König-Wilhelm-Gymnasium jüdischer Religionsunterricht angeboten. 1896/97 wurden die Synagoge in Magdeburg stilvoll umgebaut und das Gemeindehaus neu errichtet, was mit viel Zustimmung in der Bevölkerung aufgenommen wurde. Die Gleichberechtigung schien Normalität geworden zu sein.

Magdeburg in der Gründerzeit

Der gewonnene Krieg gegen Frankreich 1870/71 und die daraufhin erfolgte Gründung des Deutschen Kaiserreichs unter der Führung Preußens löste auch durch die französischen Kriegskontributionen einen Bauboom und eine Welle von Fabrikneugründungen aus. In Magdeburg entstanden nun in

HINTERGRUND

DIE JÜDISCHE GEMEINDE VOM 10. BIS ZUM ENDE DES 18. JAHRHUNDERTS

Die jüdische Gemeinde Magdeburg geht in ihren Anfängen bis in die Zeit Ottos des Großen zurück. Bereits in einer ottonischen Urkunde von 965 werden Juden für diese Stadt erstmalig erwähnt. Eine weitere Urkunde von 973, von Otto II. unterzeichnet, die dem Magdeburger Erzbischof alle Privilegien, darunter auch die Gerichtsbarkeit über die in der Stadt lebenden Juden, bestätigte, zeigt, dass die Gemeinde damals bereits durchaus stattlich war und wirtschaftliche Bedeutung besaß. Den Juden wurde als Aufenthaltsort ein »Judendorf« zugewiesen, das außerhalb der Stadtmauern, nördlich des Klosters Berge lag. Es gehörte daher politisch und geographisch eher zum Erzbistum als zur Gemeinde Magdeburg.

In den folgenden Jahrhunderten sahen sich die Juden in Magdeburg wie in vielen Städten Deutschlands schweren Verfolgungen ausgesetzt. Die Kreuzzüge, der »Schwarze Tod« 1348/50, religiöser Fanatismus und auch wirtschaftliche Gründe führten zu Pogromen. Mehrfach wurde das Judendorf verwüstet. 1493 wies Erzbischof Ernst die Juden aus. Über 1400 Juden mussten ihre Heimat verlassen. Zwischen 1493 und 1705 waren in Magdeburg keine Juden ansässig. In preußischer Zeit wurde ab 1705 auf königlichen Befehl vereinzelt Rabbinern und Juden gestattet, sich hier niederzulassen. Die Stadt sträubte sich jedoch mit allen Mitteln gegen diesen Befehl und erwirkte, dass 1727 sämtliche Juden Magdeburg wieder verlassen mussten. Dennoch sind im weiteren Verlauf des 18. Jhs. einzelne Juden nachweisbar.

schneller Folge v. a. im südlichen Stadtzentrum Privathäuser in zumeist repräsentativem Stil, auch wenn der Börsenkrach 1873 vorübergehend dämpfend wirkte. Es dominierten in den Bauformen die sogenannten Neostile, die der Renaissance, dem Barock und dem Klassizismus nachempfunden waren. Diese Gebäude sind im II. Weltkrieg großenteils erhalten geblieben und bilden heute das südliche Stadtzentrum, das einen Eindruck von der historischen Altstadt Magdeburgs vor seiner Zerstörung am 16. Januar 1945 wiedergibt.

Wie in vielen deutschen Städten, die bereits in der Frühphase der Industrialisierung Anteil daran hatten, intensivierte sich diese Entwicklung auch in Magdeburg während der Gründerzeit. Den Kern der Industrie bildete nach wie vor der Maschinenbau. Dennoch differenzierte sich die Wirtschaft in diesen Jahren stärker aus. Wegen der nahen Magdeburger Börde, in deren Erde die Zuckerrübe gut wuchs, wurde die Stadt auch durch die Errichtung der Zuckerbörse ein Zentrum der Zuckerindustrie, woran der Bankier und Zuckerfabrikant Hermann Zuckschwert und sein Sohn Wilhelm einen großen Anteil hatten. Die Elbschifffahrt dagegen geriet trotz der 1866 begonnenen Kettenschifffahrt sowie der Abschaffung der Elbzölle 1870 in die Krise.

1886 lieferte die Maschinenfabrik Buckau ihre erste komplette Brikettfabrik an ein Bitterfelder Unternehmen. Dies war symptomatisch für den Strukturwandel der Magdeburger Industrie nach der Gründung des wilhelmischen Kaiserreichs. Hatte sich der Geräte- und Anlagenbau zuvor im Wesentlichen auf die Herstellung von Zuckerfabriken konzentriert, erweiterte sich dieses Spektrum beträchtlich mit der Herstellung von Maschinen und Anlagen für den Braunkohlebergbau, die Brikett-

Saccharin-Fabrik AG, vormals Fahlberg, List & Co, aus der Magdeburgischen Zeitung, 1913

HINTERGRUND

KETTENSCHIFFFAHRT AUF ELBE UND SAALE

Die Kettenschifffahrt auf Elbe und Saale war eine Besonderheit innerhalb Deutschlands in der zweiten Hälfte des 19. Jhs. Entlang einer im Fluss verlegten Kette zog ein einzelnes, mit Dampf betriebenes Kettenschleppschiff mehrere Kähne ohne eigenen Antrieb. Das Ende dieser Art der Schifffahrt auf der Elbe kam 1882, als die Hamburg-Magdeburger Dampfschifffahrtskompanie ihren Schiffspark verkaufte und den Bau von Dampfschiffen einstellte. Die Maschinenfabrik Buckau baute 1885 die letzten Schiffe mit den Namen »Magdeburg« und »Torgau« und verlegte sich dann ganz auf den Anlagenbau.

---

industrie und die im Raum Halle-Bitterfeld entstehende Großchemie. Mit der beginnenden Kolonialpolitik des Kaiserreichs fanden Magdeburger Maschinenfabriken auch den Zugang zum Weltmarkt. Auch die Rüstungsindustrie wurde ein zunehmend wichtiger Faktor in der hiesigen Industrielandschaft.

1886 erweiterte sich die auf Maschinen- und Anlagenbau spezialisierte Magdeburger Industrie durch die Saccharinfabrik Fahlberg & List. Constantin Fahlberg hatte 1878 Saccharin, den ältesten synthetischen Süßstoff, entdeckt. Später kamen noch die Produktion von Schwefelsäure und anderer chemischer Produkte hinzu. Weitere Unternehmen, die nicht zur Hauptsparte der Magdeburger Industrie zu zählen sind, sind ebenfalls in der zweiten Hälfte des 19. Jhs. entstanden, darunter die Zichorien- und Schokoladenfabrik J. G. Hauswaldt 1851 und die 1863 gegründete Nähmaschinenfabrik H. Mundlos. Die Weiterentwicklung der Magdeburger Industrie führte dazu, dass im Jahr 1895 knapp 60.000 Beschäftigte in Industrie und Gewerbe gezählt wurden. Daraus resultierte die Notwendigkeit, zusätzliche Wohnquartiere zu erschließen.

Neben weiteren Erwerbungen des Festungsgeländes, wie dem militärisch bedeutungslos gewordenen Zitadellengebäude und der Nordfront der Festung, trugen auch die Eingemeindungen der Vorstädte Neustadt 1886 mit knapp 30.000 Einwohnern und Buckau 1887 mit 17.500 Einwohnern zur notwendigen Stadterweiterung bei.

Stickbild aus dem Arbeitermilieu, undatiert. Abgebildet sind Marx, Bebel und Lasalle

Arbeiterbewegung

Die stürmische Entwicklung der Industrialisierung in Magdeburg von der Mitte des 19. Jhs. an hatte durch den Zustrom von Arbeitern in die Stadt zu einer starken sozialen Verschiebung in der Bevölkerung geführt. Das hatte zur Folge, dass sich ab 1848 die Arbeiterschaft zu organisieren begann. Es entstanden Unterstützungskassen und Gewerkvereine, 1863 der Arbeiterbildungsverein unter der Führung des Schneiders Johannes Münze und des Böttchers Julius Bremer. 1864 gründete sich in London die Internationale Arbeiterassoziation.

Zunächst schlossen sich die Magdeburger Arbeiterorganisationen dem Allgemeinen Deutschen Arbeiterverein (ADAV), 1863 von Ferdinand Lassalle gegründet, an, und nach der Gründung der Sozialdemokratischen Arbeiterpartei 1869 in Eisenach durch August Bebel und Wilhelm Liebknecht traten sie dieser Partei bei. Kurz nach dem Eisenacher Parteitag in Magdeburg gründete sich unter der Führung von Julius Bremer und Wilhelm Klees der Sozialdemokratische Arbeiterverein. Die Magdeburger Sozialdemokratie verfügte über enge Verbindungen zu Braunschweiger Gleichgesinnten um Wilhelm Bracke, der eine große Rolle bei der Gründung der Sozialdemokratischen Arbeiterpartei gespielt hatte und deren erster Sprecher war, weshalb sie ihren ersten Sitz in Braunschweig nahm.

Am Ende der Ära Hasselbach

Die rasante Entwicklung Magdeburgs trotz der noch immer hemmenden Festungsanlagen zur Industriestadt mit weit über 100.000, noch vor 1900 sogar 200.000 Einwohnern veränderte die Stadt in ihrer sozialen Struktur in relativ kurzer Zeit mehr als alle anderen Transformationsprozesse in den Jahrhunderten zuvor. Aus der Militär- und Beamtenstadt wurde mehr und mehr eine Industriestadt, in der die Unternehmen und die stetig wachsende Arbeiterschaft eine immer größere Rolle spielten. Trotz der abnehmenden Bedeutung des Militärs wurde zwischen 1889 und 1893 das repräsentative Gebäude des Generalkommandos wenige hundert Meter vom Dom entfernt errichtet, in dem sich heute die Staatskanzlei des Landes Sachsen-Anhalt befindet. Hier residierte von 1903 bis 1911 Paul von Hindenburg als Kommandierender General des IV. Armeekorps.

1881 erhielt Oberbürgermeister Hasselbach zum 30-jährigen Dienstjubiläum die Ehrenbürgerschaft und schied aus seinem Amt. Er starb im folgenden Jahr. Wenige Jahre nach seiner Amtszeit wurde 1893 ein moderner Handelshafen fertiggestellt, um den Elbhandelsplatz Magdeburg konkurrenzfähig zu machen. Trotz der großen Konkurrenz durch die Eisenbahn blieb die Binnenschifffahrt ein wichtiger ökonomischer Faktor.

Die Eingemeindungen hatten Magdeburg inzwischen zur Großstadt gemacht, so dass die Stadt ab 1. April 1887 einen eigenen Stadtkreis bildete. Zu einem der größten Probleme, die in der Hasselbachzeit nicht ausreichend gelöst werden konnten, gehörte noch immer die Wasserversorgung. Das Trinkwasser wurde nach wie vor aus der Elbe entnommen, die durch die ungeklärten Zuleitungen aus den Industrieanlagen immer stärker verschmutzt wurde. Das gefährdete die Gesundheit der Magdeburger Bevölkerung. Immer wieder entstanden

Choleraepidemien, die schwerste 1873 mit über 1500 Todesopfern. Wegen einer völligen Versalzung des Elbwassers im Sommer 1892 in Folge einer Umweltkatastrophe, die durch einen Betriebsunfall im Mansfelder Kupferbergbau verursacht wurde, fiel der Fluss als Trinkwasserlieferant für einige Zeit aus. Danach wurde ins Auge gefasst, Grundwasser aus der Colbitz-Letzlinger Heide zu verwenden, was aber erst 1932 mit dem Bau des Wasserwerks Colbitz Realität wurde.

Politische Verhältnisse und Wirtschaft um 1900

Auch im Wahlverhalten der Magdeburger spiegelte sich die soziale Umschichtung in der Stadt wider. Nach der Aufhebung des Sozialistengesetzes 1890 wurde mit Wilhelm Klees zum ersten Mal ein Sozialdemokrat in die Stadtverordnetenversammlung gewählt. Mit einer Ausnahme gingen die Magdeburger Reichstagsmandate bis zum I. Weltkrieg an die Sozialdemokratie, die mit der »Volksstimme« 1890 ihre Zeitung erhielt. Um 1900 war Magdeburg zu einer Hochburg der Sozialdemokratie geworden, weshalb 1910 der Parteitag der SPD hier stattfand. Das örtliche Bürgertum vertrat dagegen weitgehend liberale Auffassungen und wählte auch so.

Im Beamtenapparat und bei den Militärs herrschte nach wie vor eine sehr konservative Stimmung mit hoher Verehrung der Hohenzollern. 1897 und 1899 wurden ein Kaiser-Wilhelm I.- und ein Bismarck-Denkmal errichtet. Besondere Verehrung genoss zudem die Königin Luise, weshalb 1901 ein Marmorstandbild ihr zu Ehren im damaligen Luisengarten, dem heutigen Geschwister-Scholl-Park, aufgestellt wurde. Um 1900 war Magdeburgs Bevölkerung also teils monarchistisch-kaisertreu und nationalkonservativ, teils liberal, teils sozialdemokratisch eingestellt.

Im letzten Jahrzehnt des 19. Jhs. vollzogen sich in der Magdeburger Industrielandschaft neuerliche Veränderungen. Neben dem florierenden Maschinenbau konnten sich auf dem industriellen Sektor weder die Elektroindustrie noch die Großchemie durchsetzen. Auch der beginnende Fahrzeugbau führte hier nicht zur Errichtung von Produktionsstätten, ebenso wenig konnte sich die Fahrradfabrik Panther dauerhaft halten. Das Grusonwerk, inzwischen Aktiengesellschaft geworden, übernahm Krupp zwei Jahre nach dem Ausscheiden Hermann Grusons 1891 aus dem Vorstand der AG und benannte es in »Friedrich Krupp AG Grusonwerk« um. Beide Werke in Essen und in Magdeburg waren schon vor der Übernahme bedeutende Produktionsstätten der Rüstungsindustrie gewesen. Im Vorfeld des I. Weltkriegs verstärkte sich diese Tendenz weiter.

Zur zweitgrößten Firma in Magdeburg nach den Krupp-Grusonwerken war am Ende des 19. Jhs. die Fabrik Schäffer & Budenberg aufgestiegen. Auf seinem Patent von 1850 aufbauend, das die Erfindung des Plattenmanometers betraf, mit dem das Quecksilbermanometer abgelöst wurde, eröffnete der Mechaniker Bernhard Schäffer mit seinem Schwager Christian Friedrich Budenberg eine mechanische Werkstatt in der Altstadt. 1858 entstand in Buckau eine moderne Fabrik, die schon ein Jahr später 120 Arbeiter beschäftigte. Die Firma nahm auch andere technische Messgeräte und Armaturen in ihr Sortiment auf und erlebte eine rasante Entwicklung. Bereits 1880 war Schäffer & Budenberg eine Weltfirma, die auf internationalen Messen und Ausstellungen zahlreiche Auszeichnungen für ihre Erfindungen erhielt. Den Höhepunkt stellte eine Bronzemedaille auf der Weltausstellung 1900 in Paris dar. Nach 1945 wurde aus der Firma der VEB Magdeburger Armaturenwerke »Karl Marx« (MAW), der bis in die 90er-Jahre existierte.

Magdeburg war im 19. Jh. auch zu einem bedeutenden Versicherungsstandort geworden. Die Anfänge gehen ins späte 17. Jh. mit einer Feuerversicherung nach Hamburger Vorbild zurück. Der erhebliche Versicherungsbedarf der Industrie des magdeburgischen Raumes, v. a. der Zuckerfabriken und Mühlen, führte zur Entstehung der »Magdeburger Feuer-Versicherungs-Gesellschaft AG«. Christian Friedrich Knoblauch, der sie 1844 errichtet hatte, entwickelte sie in den folgenden Jahren zu einem der größten Versicherungsunternehmen in Deutschland und dehnte ihre Geschäftstätigkeit als erste deutsche Gesellschaft auf das Ausland aus.

**MIETKASERNENSTADT À LA BERLIN: WOHNEN VOR
DEM I. WELTKRIEG**

Zwischen 1871 und 1914 entstanden tausende von teilweise großbürgerlichen Wohnungen vornehmlich im südlichen Stadtzentrum und in der Wilhelmstadt, dem heutigen Stadtfeld. Noch markanter zeigte sich der entstandene Wohlstand im Großbürgertum an einer Reihe höchst repräsentativer Stadtvillen, die v. a. von Fabrikanten errichtet wurden. Zu nennen sind hier u. a. die Villen der Familien Klusemann, Budenberg, Hauswaldt, Rudolph und Bennewitz.

Ganz anders stellte sich die Wohnsituation für Arbeiter, Handwerker und kleine Angestellte dar. Magdeburg war 1890 auf über 200.000 Einwohner angewachsen. Das führte zu einem verstärkten vielstöckigen Miethausbau in geschlossenen Wohnblöcken mit Hofumbauungen, die v. a. im südwestlichen Stadterweiterungsbereich, in Buckau, Sudenburg, in der Alten und in der Neuen Neustadt sowie der Wilhelmstadt, errichtet wurden, was Magdeburg den Ruf einer »Mietskasernenstadt à la Berlin« einbrachte. Viele Familien lebten auf 50 m² in Neben- und Hinterhauswohnungen, die aus einem Zimmer, einer unbeheizbaren Kammer und einer Küche bestanden. Da die Mieten aufgrund der steigenden Nachfrage vergleichsweise hoch waren, kam es vielfach zu Überbelegungen, so dass nach einer Befragung der Allgemeinen Ortskrankenkasse mehr als die Hälfte der Maurer und Zimmerer kein eigenes Bett besaß. Sie gehörten damit zu den »Schlafburschen«, die meist im Schichtdienst arbeiteten und sich tagsüber ein Bett zum Schlafen mieteten. Berüchtigt war das »Knattergebirge« am Elbhochufer im nördlichen Bereich der Altstadt, auch als »Kleinlondon« bezeichnet, das auf äußerst engem Raum eine Masse von kleineren und größeren Mietskasernen aufwies.

Mit Hans Grade war Anfang des 20. Jhs. einer der wichtigsten deutschen Flugpioniere in Magdeburg aktiv. Er gründete hier 1905 die Grade-Motor-Werke. Am 28. Oktober 1908 gelang ihm der erste Motorflug auf deutschem Boden auf dem Cracauer Anger in Magdeburg. Er flog 8 m hoch und 60 m weit. Das Flugzeug zerbrach bei der Landung, Grade blieb unverletzt.

Kultur um 1900

Das Schulwesen in Magdeburg war gut ausgebaut worden mit teils repräsentativen, großen Schulgebäuden, etwa der Bismarck-Viktoria-Schule, die 1912 bzw. 1919 eingeweiht wurde. Eine ausgeprägte Stadt der Kunst und Wissenschaft war man aber nach wie vor nicht. Allerdings entstand 1891 eine Maschinenbauschule, die 1905 zur Königlichen Maschinenbauschule ernannt wurde. Im Kulturbereich setzte die Stadt kurz nach der Jahrhundertwende zwei deutliche Akzente: Nach langer Vorgeschichte wurde am 16. Dezember 1906 in Gegenwart des preußischen Kronprinzen das Kaiser-Friedrich-Museum zusammen mit dem davor stehenden Kaiser-Friedrich-Denkmal eingeweiht – ein repräsentativer, großer Bau an der Kaiserstraße, der in den wilhelminischen Zeitgeist passte. Im Jahr darauf wurde das Zentraltheater am Kaiser-Wilhelm-Platz als Varietétheater errichtet. Es hatte 1800 Plätze und bereits in der ersten Spielzeit weit mehr als 300.000 Besucher. Ab 1922 wurde es als reine Operettenbühne genutzt. Im II. Weltkrieg wurde das Gebäude zerstört, wieder aufgebaut und am 21. Dezember 1950 als Maxim-Gorki-Theater wiedereröffnet. 1990 wurde es durch Brand wiederum weitgehend zerstört und schließlich nach umfassender Renovierung 1997 als Theater der Landeshauptstadt wiedereröffnet. Heute wird es innerhalb des Theaters Magdeburg als Opernhaus für Oper, Operette, Musical, Ballett und Konzerte genutzt, während es für das Schaupiel eine eigene Spielstätte gibt.

Die zu Wohlstand gekommenen Magdeburger Unternehmer betätigten sich um 1900 in einer nie zuvor erreichten Größenordnung am Kulturleben der Stadt. Wilhelm Porse und Otto Gruson gaben je 100.000 Mark für den Aufbau des Museums. Für den am 14. Dezember 1913 eröffneten Erweiterungsbau des Kaiser-Friedrich-Museums stiftete der Großindustrielle Albert Hauswaldt erlesene Werke des 15. bis 17. Jhs. im Wert von 150.000 Mark. Selma Rudolph, Tochter des Unternehmers Christian Friedrich Budenberg und Ehefrau des Unternehmers Carl Rudolph, Inhaber der ersten Maschinenfabrik und Eisengießerei in Magdeburg-Neustadt, spendete dem Museum in seiner Aufbauphase 1896 14.500 Mark zum Erwerb von drei wertvollen Wandteppichen, die noch heute im Kulturhistorischen Museum zu sehen sind. Sie, die mit 34 Jahren schon Witwe wurde, galt mit ca. drei Millionen Mark Vermögen als reichste Frau Magdeburgs und engagierte sich in umfassender Weise im sozialen Bereich; so organisierte und leitete sie etwa während des I. Weltkriegs den Bahnhofsdienst des Roten Kreuzes für Soldaten in Magdeburg. 1900 ließ sie in der damaligen Kaiser-Wilhelm-Straße 10 eine Villa errichten, das heutige »Haus des Handwerks«. Dieses prachtvolle Gebäude sollte als eine Art Gesellschaftshaus verschiedenen Vereinen Räumlichkeiten für Veranstaltungen zur Verfügung stellen. 1901 wurde sie Aufsichtsratsmitglied bei Schäffer & Budenberg.

Ein anderer Mäzen war der erfolgreiche Großkaufmann Adolf Mittag, der sich sehr für seine Heimatstadt Magdeburg einsetzte und hierbei besonderes Interesse an der Gartengestaltung hatte. Der Stadt schenkte er 50.000 Mark, um den Park auf der Elbinsel Rothehorn zu verschönern. Mit diesem Betrag wurde zwischen 1906 und 1908 ein See angelegt, der noch heute den Namen Adolf-Mittag-See trägt. Das großbürgerliche Mäzenatentum war in Magdeburg in der wilhelminischen Zeit bei Weitem bedeutender als jemals vor 1871 oder nach 1914.

Im Bereich der Literatur und des Verlagswesens konnte Magdeburg um 1900 nicht sehr viel Großes vorweisen. Es gab als Traditionsunternehmen den Faber-Verlag und die Verlagsbuchhandlung Heinrichshofen sowie einige andere regionale Unternehmen. Den bedeutendsten Buchbestand hütete die Stadtbibliothek mit ihren alten Beständen und den aufgelösten Klosterbibliotheken. Georg Kaiser, der in Magdeburg geborene bedeutendste deutsche Dramatiker seiner Zeit, heiratete reich und verließ die Stadt 1911. Um 1900 existierten hier zwei Künstlervereine: »St. Lukas« und der »Verein der Künstlerinnen und Kunstfreundinnen«.

Der Breite Weg: Prachtstraße Magdeburgs

Als alte Hauptstraße hat der Breite Weg vom frühen Mittelalter bis in unsere Tage alle Epochen magdeburgischer Geschichte erlebt und teilweise auch durchlitten. Um 1900 war für viele

Magdeburger, die an der Geschichte und Architektur ihrer Stadt interessiert waren, der Punkt erreicht, um ihre Stimme gegen die gravierenden Veränderungen im Bereich dieser Straße zu erheben, die das »gegenwärtig noch so reizvolle und stolze Stadtbild« (zit. nach Asmus, Bd. 3, S. 384) gefährdeten. Der Breite Weg hatte sich im 18. Jh. zu einer »Prachtstraße des norddeutschen Barocks« entwickelt. Die kleinteilige, meist aus Fachwerkhäusern bestehende Bebauung, die im Wesentlichen in der zweiten Hälfte des 17. Jhs. und im 18. Jh. entstanden war, wurde ab der ersten Hälfte des 19. Jhs. an vielen Stellen durch größere Bauten ersetzt, die für Laden- und Büroflächen benötigt wurden. Dieser Prozess setzte sich in der zweiten Hälfte des 19. Jhs. fort und beschleunigte sich um die Jahrhundertwende erheblich. Die bisherige Maßstäblichkeit des Breiten Weges wurde durch den beinahe monumentalen Bau der Kaiserlichen Oberpostdirektion, der zwischen 1895 und 1899 entstand, unwiderruflich verändert. Für ihn mussten drei historische Bauwerke weichen, und zwar das Rocksche Haus von 1595, der barocke Gasthof »Zur Stadt Petersburg« und die Paulinerkirche des Dominikanerordens.

Als der Abriss des prächtigsten Renaissancegebäudes der Stadt, der 1651 wiederhergestellten Heydeckerei, drohte, formierte sich Widerstand. Am 5. Juni 1901 protestierten der Architekten- und der Ingenieurverein, die literarische Gesellschaft Athene, der Kunst- und der Kunstgewerbeverein, der Geschichtsverein und der Verein zur Erhaltung der Denkmäler in der Provinz Sachsen bei Oberbürgermeister Schneider und wurden am 27. September auch empfangen, ohne jedoch mit ihrem Anliegen wirklich durchzudringen. Schneider kommentierte die Problemlage mehr oder weniger resignierend: »Es sei zwar bedauerlich, dass die Mehrzahl der hiesigen Bauunternehmer weniger auf Schönheit als auf Geldvorteil hielte, doch vor der Hand wäre keine Aussicht vorhanden, auf gesetzlichem Wege Abhilfe zu schaffen« (zit. nach Asmus, Bd. 3, S. 385).

Die Heydeckerei wurde abgerissen, und viele weitere großflächige Bebauungen sollten folgen. So verlor der Breite Weg schon lange vor der Zerstörung im II. Weltkrieg weitgehend seinen barocken Charakter. Das Portal der Heydeckerei befindet sich heute als architektonisches Kleinod am Anbau des Museums von 1913.

Vor dem Kriegsausbruch 1914

Nach der Jahrhundertwende nahmen die innen- und außenpolitischen Spannungen im Kaiserreich zu. Das in Preußen auch auf kommunaler Ebene geltende Dreiklassenwahlrecht wurde als zutiefst ungerecht angeprangert und seine Abschaffung gefordert. Am 21. Januar 1906 organisierte die SPD in Erinnerung an den »Petersburger Blutsonntag« (ein Jahr zuvor war eine Wahlrechtsdemonstration in Russland blutig niedergeschlagen worden) in ganz Preußen Kundgebungen für eine Reform des Wahlrechts.

Seit 1848 hatten keine Volksversammlungen unter freiem Himmel mehr stattgefunden. Militär und Polizei reagierten in Magdeburg mit der Sperrung der Innenstadt und dem Schließen der Bahnhofsschranken und Stadttore, was eine bürgerkriegsähnliche Stimmung erzeugte. Die Garnison war in Bereitschaft versetzt worden, die Polizei bereit, von ihren Waffen Gebrauch zu machen. Mehr als 20.000 Frauen und Männer versammelten sich friedlich im »Luisenpark«, dem traditionellen Versammlungslokal in der Wilhelmstadt, und gaben Militär und Polizei durch ihr friedliches Verhalten keinen Anlass zum gewaltsamen Eingreifen.

Magdeburg hatte inzwischen 280.000 Einwohner, mehr als drei Viertel von ihnen waren Arbeiter und Angestellte. Das Dreiklassenwahlrecht in der Kommune verhinderte, dass sich diese Größenverhältnisse adäquat in der Zusammensetzung der Stadtverordnetenversammlung widerspiegelten. Die politisch unruhige Lage spitze sich in den folgenden Jahren entsprechend zu. Die Forderungen nach Abschaffung des Dreiklassenwahlrechts wurden immer wieder vorgebracht, die preußische Regierung lehnte kategorisch ab. Von 1912 an nahmen die politischen Aktionen der Magdeburger Sozialdemokratie gegen die drohende Kriegsgefahr zu. Auf der anderen Seite profitierten ortsansässige Firmen, wie Schäffer & Budenberg, die Polte AG, das Krupp-Gruson-Werk, die Metallwerke Aders und R. Wolf, von der sich seit 1907 verstärkenden Aufrüstung.

Der I. Weltkrieg 1914–1918

Noch am 28. Juli 1914 hatten mehrere Antikriegskundgebungen der Magdeburger Sozialdemokratie stattgefunden, und dringende Appelle wurden an die deutsche Regierung gerichtet, Österreich davon abzuhalten, Serbien den Krieg zu erklären, da die Furcht vor einer Ausweitung des Kriegs auch auf Deutschland und andere europäische Mächte bestanden hatte. Als Kaiser Wilhelm II. Russland am 1. August 1914 den Krieg erklärte, änderte sich allerdings binnen Tagen die Haltung der deutschen Sozialdemokraten: Um nicht als »vaterlandslose Gesellen« gebrandmarkt zu werden, stimmte die SPD-Reichstagsfraktion am 4. August der Bewilligung der Kriegskredite zu. Wilhelm II. erklärte: »Ich kenne keine Parteien mehr, kenne nur noch Deutsche.« Es wurde ein Burgfriede geschlossen, um alle Kräfte auf den sich nun schnell entwickelnden Krieg zu konzentrieren.

Auch die Stadt Magdeburg ließ sich von der Kriegsbegeisterung mitreißen, zumal die Reichsregierung mit großem Propagandaaufwand den anderen Mächten in Europa die Schuld an dessen Ausbruch zuschob. Man war ja eingekreist von Feinden. Und zugleich wurden Siegesgewissheit verbreitet und die Erwartung geschürt, dass die deutschen Truppen bis spätestens Weihnachten 1914 siegreich nach Hause zurückkehren würden.

Die bittere Wahrheit, die sich dann in über vier harten und verlustreichen Jahren offenbarte, ließ sich aus der Sicht der Magdeburger schon vor der offiziellen Kriegserklärung an Frankreich am 3. August 1914 erahnen, denn das erste Opfer aus deutscher Sicht des noch nicht begonnenen Krieges war einer von ihnen: Leutnant Albert Mayer. Er führte eine Reiterpatrouille an und war in Mühlhausen im Elsass stationiert. Offenbar hatte er mit seinen Leuten gegen den ausdrücklichen Befehl des Generalstabs bereits am Morgen des 2. August die Grenze nach Frankreich überschritten, um im Vorfeld der Festung Belfort Erkundigungen anzustellen. 10 km hinter der Grenze bei Joncherey wurde die Patrouille entdeckt, Mayer ließ schießen, der französische Korporal Peugeot wurde tödlich verletzt, aber auch Mayer und seine Patrouille fielen bis auf einen Soldaten, der zurückkehren konnte.

Für die Magdeburger Wirtschaft wurde der I. Weltkrieg zum großen Geschäft. Die Stadt wurde zu einem der Rüstungszentren des Kaiserreichs. Beim Polte-Werk, das sich zur größten Munitionsfabrik des Reiches entwickelte, und bei Krupp-Gruson wurde die Rüstungsproduktion in kürzester Zeit erheblich ausgeweitet. »Rudolf Wolf kaufte im Verlauf des Krieges die Erfurter Lokomotivfabrik Hagans, die Magdeburger Dampfpflugfirma John Fowler, die Dessauer Stahlgießerei Becker und die Aschersleber Maschinenfabrik auf« (Tullner 2005, S. 612). In Magdeburg wurden Artelleriegeschosse und -kartuschen, Granaten und panzerbrechende Hartgussgeschosse, Zielgeräte für die Marineartillerie und Präzisionsteile für Torpedos und Geschütze sowie Waffen aller Art hergestellt. Kurt Sorge, dem Direktor des Krupp-Gruson-Werks, wurde als Chef des Technischen Stabes im Kriegsamt die Koordinierung der deutschen Rüstungsindustrie übertragen.

Der Kommandierende General des IV. Armeekorps in Magdeburg, Friedrich Sixt v. Armin, ließ am 1. August 1914 verlautbaren: »Auf allerhöchsten Befehl seiner Majestät des Kaisers ist der Bezirk des IV. Armeekorps aufgrund des Artikels 68 der Reichsverfassung in Kriegszustand erklärt. Die vollziehende Gewalt geht hierdurch an mich über« (zit. nach Asmus, Bd. 3, S. 420). Damit waren nicht zuletzt Presse-, Versammlungs- und Vereinsarbeit aufgehoben.

Wie in Magdeburg wurde im ganzen Reich ab dem 1. August mobilgemacht. Die Stadt war ein starker Militärstützpunkt. Hier befanden sich unter dem Generalkommando der Stab der 7. Division sowie die Stäbe einiger Brigaden. Die Stadt war Standort für das Infanterieregiment Fürst Leopold von Anhalt-Dessau Nr. 26, das Magdeburgische Infanterieregiment Nr. 66, das Feldartillerie-Regiment Nr. 66, das Feldartillerie-Regiment Prinzregent Luitpold von Bayern Nr. 4, das Fußartillerie-Regiment Encke Nr. 4, das Magdeburgische Pionier-Bataillon Nr. 4 und das Magdeburgische Train-Bataillon Nr. 4.

Die Anfang August ausbrechende Kriegsbegeisterung führte dazu, dass sich viele Magdeburger freiwillig meldeten. Doch die Euphorie verflog noch im Laufe des Jahres. Aus dem versprochenen schnellen Sieg wurde nichts, der Schlieffen-Plan, mit dem ein »Blitzkrieg« gegen Frankreich geführt werden sollte, um dann die Truppen an die Ostfront verlegen zu können, scheiterte, weil der Vormarsch im neutralen Belgien ins Stocken geraten und Großbritannien wegen der Verletzung der Neutralität Belgiens in den Krieg eingetreten war. Noch 1914 wurde aus dem »Blitzkrieg« ein Stellungskrieg von noch nie dagewesenem Ausmaß. Magdeburger Soldaten kämpften an praktisch allen Fronten des Krieges, im Westen wie im Osten. Bis 1918 waren fast 8000 Soldaten aus Magdeburg gefallen.

An der »Heimatfront« führte die erhebliche Verstärkung der Rüstungsproduktion zu einem Arbeitskräftemangel in zivilen Bereichen der Wirtschaft, Frauen gingen vermehrt in die Produktion. 1915 gab es die ersten Essensrationierungen, die Lebensmittelkrise, die sich ab 1916 verschlimmerte, und die Brennstoffkrise führten zu enormen Belastungen des Alltagslebens – in Magdeburg wie in allen deutschen Städten. Im Winter 1916/17 verschärfte sich die Lebensmittelsituation zusätzlich. Die Kartoffelrationen wurden in Magdeburg auf 300 g pro Kopf und Tag gesenkt, schließlich gab es 400 g getrocknete Kohlrüben pro Kopf statt Kartoffeln. Der »Kohlrübenwinter« ging in das kollektive Langzeitgedächtnis der Magdeburger ein. Bis 1916 hielt die Bevölkerung still. Im August 1916 kam es schließlich zu ersten Friedensdemonstrationen, denen weitere folgten, auch weil Einschränkungen, die der Krieg für die Zivilbevölkerung nach sich zog, zu immer größerer Unzufriedenheit in der Bevölkerung führten.

1917 spaltete sich die SPD in USPD und SPD. In Magdeburg gründete sich nur eine kleine Ortsgruppe der USPD unter der Führung des gelernten Nagelschmieds und Parteifunktionärs Albert Vater.

Nach dem Ausscheiden Russlands aus dem I. Weltkrieg 1917 versuchte das Deutsche Reich mit der Frühjahrsoffensive 1918 das Schicksal noch zu wenden, musste sich aber wenige Monate später eingestehen, dass der Krieg nicht mehr zu gewinnen war. Die Kampfhandlungen endeten schließlich mit der Unterzeichnung eines Waffenstillstands durch das Deutsche Reich am 11. November 1918.

Reformstadt und »Zentrum Mitteldeutschlands« 1918–1933

Novemberrevolution 1918

In dem sich nun auflösenden Kaiserreich wurden Forderungen nach Abdankung des Monarchen und der Ruf nach Demokratie laut. Am 3. November 1918 fand im Rothehornpark in Magdeburg eine Kundgebung mit 40.000 Menschen statt, die genau diese Forderungen zum Ausdruck brachte. In Kiel kam es fast gleichzeitig zum Aufstand der Matrosen. An dessen Spitze stand der Oberheizer Karl Artelt aus Magdeburg, der am 4. November zum Vorsitzenden des ersten Arbeiter- und Soldatenrates in Deutschland gewählt wurde.

Von Kiel aus nahm die Novemberrevolution ihren Lauf. Am 9. des Monats erreichte die Welle Berlin. In der Nacht vom

Aufruf des Arbeiter- und Soldatenrates, Flugschrift, 1918

Fahne des Reichsbanners Schwarz-Rot-Gold, um 1925

9. zum 10. floh Kaiser Wilhelm II. nach Holland. Noch am 9. November berichten Berliner Zeitungen von seiner Abdankung, und um 14.00 Uhr verkündete der SPD-Abgeordnete Philipp Scheidemann vom Balkon der Reichstags aus vor der wartenden Menschenmenge den Zusammenbruch des Deutschen Kaiserreichs und rief die deutsche Republik aus.

Am 8. November kam es in Magdeburg zu einer großen Kundgebung von SPD und USPD. Es wurde der Sieg einer »neuen Zeit« gefeiert und Gewaltverzicht propagiert. Hierfür trat besonders der sozialdemokratische Stadtrat Hermann Beims ein. Es wurde ein Arbeiter- und Soldatenrat gewählt, der in den folgenden Tagen in Zusammenarbeit mit den Behörden dafür sorgte, dass die Ordnung aufrechterhalten wurde. Die Nationalliberale Partei ergriff daraufhin die Initiative und bildete am 13. November einen Bürgerrat, in dem sich Wirtschaft, Hausbesitzer und Beamte organisierten, unter dem Vorsitz des Kaufmanns Carl Miller. In einer Vollversammlung des Arbeiter- und Soldatenrates am 9. Dezember in der Pauluskirche in Magdeburg gab es eine klare Mehrheit für eine parlamentarisch-demokratische Ordnung. In kurzer Zeit entstanden neue Parteien, darunter auch die KPD.

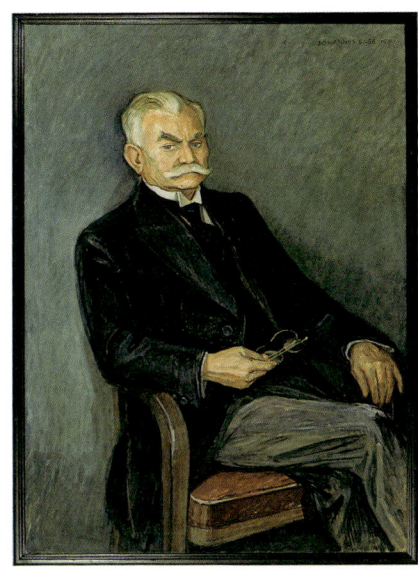

Oberbürgermeister Hermann Beims, Ölbild von Johannes Sass, 1930

Als Gegenbewegung formierte sich seit November 1918 um den Fabrikaten Franz Seldte ein Kreis von ehemaligen Kriegsteilnehmern aus dem Magdeburger Traditionsregiment Nr. 66 mit dem Ziel, die Revolution und die Demokratie zu bekämpfen. Am 25. Dezember wurde im Gesellschaftshaus der »Stahlhelm. Bund der Frontsoldaten« gegründet. In den folgenden Jahren entwickelte er sich zu einer der mitgliederstärksten, einflussreichsten antidemokratischen Organisationen der Weimarer Republik. Als Reaktion darauf gründete sich 1924 das »Reichsbanner Schwarz-Rot-Gold« als Schutzbund der Demokratie in Magdeburg, das hier seinen Sitz und sein Zentrum hatte.

Bei der Wahl zur Deutschen Nationalversammlung am 19. Januar 1919 erreichten die SPD und die USPD im Wahlbezirk Magdeburg über 60 %. In der nun gegründeten Weimarer Republik wurde Friedrich Ebert am 11. Februar 1919 zum ersten Reichspräsidenten gewählt.

Hermann Beims wird Oberbürgermeister

Die soziale und wirtschaftliche Lage in Magdeburg war nach Ende des I. Weltkriegs zunächst sehr schwierig. Die Einstellung der Kriegsproduktion führte zu Massenentlassungen, die heimkehrenden Soldaten fanden kaum Beschäftigung und wurden in Scharen Mitglieder des »Stahlhelms«. Die Lage verschärfte sich innerhalb weniger Wochen: Bereits Anfang 1919 gab der Magistrat Notgeld aus und nahm eine Anleihe von fast 40 Mio. Mark auf. Die politische Situation radikalisierte sich: In der Nacht vom 3. auf den 4. Februar kam es zu Plünderungen in Geschäften der Innenstadt und zum Versuch von Matrosen und Soldaten, Inhaftierte aus dem Gerichtsgefängnis zu befreien.

Die Unruhen zogen sich bis in den April hin, der »Kleine Belagerungszustand« wurde verhängt. Das damit ausgesprochene Versammlungsverbot wurde am 9. April von Tausenden von Menschen auf dem Domplatz ignoriert. Das Militär griff ein, es fielen Schüsse, zehn Menschen starben, fast 40 wurden verletzt.

Parallel zu diesen teils dramatischen Ereignissen fanden am 2. März 1919 die Kommunalwahlen statt. Erstmalig konnte auch von und für Frauen abgestimmt werden. Unter den gewählten Stadtverordneten befanden sich fünf weibliche. Die Magdeburger wählten ähnlich wie bei der Wahl zur Nationalversammlung: Knapp 60 % entfielen auf USPD und SPD. Am 24. April wurde der Sozialdemokrat Hermann Beims ohne Gegenstimme bei einigen Enthaltungen zum neuen Oberbürgermeister gewählt. Am 15. Mai übernahm er sein Amt, das er bis 1931 ausübte.

Die Stadt des Neuen Bauens

Beims sah sich bei seinem Amtsantritt mit einer Reihe großer Aufgaben konfrontiert. Ein Teil der einflussreichen Bevölkerung Magdeburgs stellte sich gegen den neuen Oberbürgermeister und die junge Republik, darunter Beamte, Militärs und auch Repräsentanten der örtlichen Wirtschaft, die sich zunächst weigerten, mit Beims zusammenzutreffen. Auch für viele Funktionäre der preußischen Amtskirche war der Systemwechsel von der preußisch geprägten Monarchie zur demokratisch verfassten Republik nur schwer zu ertragen. Die fest gefügte Ordnung mit dem Kaiser an der Spitze war durch einen »gottlosen Staat« ersetzt worden.

Die Festung behinderte nach wie vor eine Weiterentwicklung Magdeburgs, obwohl es 1912 den Status einer Festungsstadt offiziell verloren hatte. Arbeitslosigkeit und Inflation, die Verschuldung der Stadt, teilweise verheerende Wohnverhältnisse für die Arbeiterschaft und die kleinen Angestellten türmten sich zu fast unüberwindlichen Problemen auf.

1919 hatte Magdeburg 286.000 Einwohner und besaß dennoch keine herausragende zentrale Funktion. Zwar war es nach wie vor die Hauptstadt der preußischen Provinz Sachsen, aber der Provinziallandtag befand sich in Merseburg, das Oberlandesgericht in Naumburg, das Provinzialmuseum wurde in Halle gegründet. In wirtschaftlicher Hinsicht musste die Stadt zudem das schlagartige Aus der Rüstungsproduktion verkraften, die vor und im I. Weltkrieg dominierend war.

Trotz dieser wenig verheißungsvollen Perspektiven am Beginn der Weimarer Republik wurde die neue Stadtführung von der Vision geleitet, Magdeburg seiner historischen Bedeutung entsprechend zum Zentrum Mitteldeutschlands zu machen, den Wohnungsbau energisch voranzutreiben sowie Kunst, Kultur und Stadtplanung miteinander zu verbinden und zum Motor der Stadtentwicklung zu machen. Diesen Zielen diente die Berufung von Bruno Taut 1921 als Stadtbaurat. Mit knapper Mehrheit wählten ihn SPD und KPD, in der Erwartung, dass er seinem Ruf als Vertreter der modernen experimentellen Architektur gerecht werde. Magdeburg wurde damit Vorreiter der Moderne. »Große Architektur für kleine Leute« wollte Taut schaffen, der 1914 Mitglied des Deutschen Werkbunds in Köln geworden war. Er wollte Magdeburg »zur schönsten Stadt der Erde« machen.

Seine kühnen Pläne, v. a. für ein Hochhaus am Kaiser-Wilhelm-Platz, konnte er allerdings kaum verwirklichen, da die Stadtkasse leer war. Dennoch gab er in seinen drei Amtsjahren

Tasse und Untertasse, Deutsche Theaterausstellung, 1927, mit Stadtsilhouette und Albinmüller-Turm

der Stadtentwicklung erhebliche Impulse. Auf ihn geht der Generalsiedlungsplan von 1922/23 zurück, der noch bis weit in die zweite Hälfte des 20. Jhs. Gültigkeit besaß und die wichtigen Elemente Boden, Wasser, Luft und Klima mit den sozialen Ansprüchen der Menschen verschmelzen sollte. So wurde Magdeburg auf der Grundlage von Tauts Generalsiedlungsplan und Johannes Göderitz' Flächennutzungsplan zur Stadt des Neuen Bauens in den 1920er-Jahren. Mehrere Großsiedlungen entstanden nun, die, saniert und modernisiert, noch heute existieren. Taut hinterließ die Halle »Land und Stadt«, die heutige Hermann-Gieseler-Halle, in der Produkte der landwirtschaftlichen Umgebung des fruchtbaren Magdeburger Umlands angeboten wurden. Er wollte die Stadt auch bunter machen: Das Rathaus wurde rot angestrichen, Carl Krayl, seit 1921 Leiter des Entwurfsbüros im Hochbauamt der Stadt, bekam von ihm den Auftrag, die Gründerzeitfassaden in der Otto-Richter-Straße bunt zu übermalen, bis heute eine Attraktion in Magdeburg. Kaufhäuser, Kioske, Normaluhren wurden farbig gestaltet, was für überregionales Aufsehen sorgte.

Bis 1932 boten in Genossenschaftssiedlungen über 12.000 Neubauwohnungen 42.000 Menschen Platz. Magdeburg wurde so zur »Stadt des Neuen Bauwillens«. Besonders herausragend war der Bau der Stadthalle 1927 und eines Ausstellungsareals auf der zwischen den Elbarmen gelegenen Insel Rothehorn. Als erste Großveranstaltung fand hier 1922 die »Mitteldeutsche Ausstellung Magdeburg für Siedlung, Sozialfürsorge und Arbeit« (MIAMA) statt. 1927 erlebte das Ensemble aus Ausstellungsgebäuden, dem Pferdetor, einem Aussichtsturm und der neu errichteten Stadthalle seinen Höhepunkt, als hier die dritte »Deutsche Theaterausstellung« mit durchschlagendem Erfolg stattfand. Dafür war der bekannte Künstler und Architekt Albin Müller aus Darmstadt verpflichtet worden, der zuvor in der Magdeburger Kunstgewerbeschule tätig und an der Innenausrichtung des Kaiser-Friedrich-Museums beteiligt war. Der Aussichtsturm wurde später nach ihm benannt.

Die »Goldenen Zwanziger«

Die 1920er-Jahre brachten in Magdeburg eine kulturelle Blüte wie keine Epoche zuvor. Der I. Weltkrieg mit seinen erheblichen Entbehrungen für die Zivilbevölkerung und der demokratische Aufbruch der Weimarer Republik hatten vor dem Hintergrund des enormen Lebenshungers, den dieser Krieg hinterlassen hatte, eine Entwicklung in kurzer Zeit nach sich gezogen, wie sie viele Städte in Deutschland, an der Spitze Berlin, erlebten. An dieser kulturellen Blüte waren in Magdeburg die Künstlervereinigung »Die Kugel« und die Kunstgewerbeschule maßgeblich beteiligt. Es entwickelte sich, auch beeinflusst von der in Weimar und später in Dessau entstanden Bauhausbewegung, ein durchaus eigener Magdeburger Stil.

An der Spitze der Magdeburger Kunstgewerbeschule standen mit Rudolf Bosselt von 1911 bis 1924 und Wilhelm Deffke von 1925 bis 1935 überregional bekannte Künstler. Zum Kollegium gehörten in jenen Jahren u. a. Richard Dorschfeldt, Albin Müller, Adolf Rettelbusch, Hermann Eidenbenz, Johann Molzahn, Ferdinand Nigg und Walter Dexel. Dozenten der Schule beteiligten sich maßgeblich an den Ausstellungen auf dem großen Gelände auf der Elbinsel Rotehorn.

Im Theaterbereich konzentrierte sich die Kulturpolitik Magdeburgs auf das Stadt- und das Wilhelmtheater, die 1920 zu den Städtischen Bühnen fusioniert wurden. 1931 kam das Zentraltheater (heutiges Opernhaus) hinzu. Dort fanden ganz überwiegend Operetten und Sinfoniekonzerte statt, im Stadttheater

HINTERGRUND

KÜNSTLERVEREINIGUNG »DIE KUGEL«

In der »Kugel«, die sich 1919 gründete, fanden sich bildende Künstler, Schriftsteller und Musiker zusammen, die – ähnlich wie die Künstler der bekannten Dresdner Künstlervereinigung »Die Brücke« von 1905 – an der Verbindung zwischen Kunst und Leben arbeiteten. In gewisser Weise richtete sich dieser Zusammenschluss auch gegen die etablierte Kunstgewerbeschule am Ort, die 1793 als »Königlich Magdeburgische Provincial Kunstschule« gegründet worden war. Mitglieder der »Kugel« waren u. a. Bruno Beye, Max Dungert, Robert Seitz, August Bratfisch, Günther Vogler, Wilhelm Höpfner, Katharina und Annemarie Heise, Rudolf Wewerka, Erich Weinert und Johannes R. Becher. Ihr Ziel war es, nach den Millionen von Toten im I. Weltkrieg »eine große Gemeinschaft der gebesserten Menschheit« zu schaffen. »Die Kugel« zerbrach nach nur vier Jahren an inneren Querelen und der Auffassung einiger besonders radikaler Künstler, dass es ihnen nicht gelungen sei, die Magdeburger wachzurütteln.

hingegen v. a. Schauspiel mit künstlerischem Anspruch. Das Programm des Wilhelmtheaters wurde im Wesentlichen von zwei nach dem I. Weltkrieg entstandenen Besucherorganisationen, der Volksbühne und dem Bühnenvolksbund, zusammengestellt. Damit garantierten die beiden Organisationen der Theaterleitung eine gute Auslastung des Hauses. Durch niedrige Eintrittspreise und ein bewusst populär gehaltenes, buntes Programm wurde damit allen sozialen Schichten der Zugang zum Theater ermöglicht. 1924 wurde mit Walter Beck zum ersten Mal ein städtischer Generalmusikdirektor berufen.

Oberbürgermeister Beims setzte im selben Jahr ein Strukturkonzept für die Städtischen Bühnen fest. »Ausgehend vom reinen Kommerzdenken, über den Versuch, Kunst und Kommerz zu vereinigen, werden die Städtischen Bühnen schließlich zum Instrument kommunaler Kulturpolitik« (Bremer, S. 565).

Zentrum des städtischen Lebens war, wie schon seit Jahrhunderten, der Breite Weg, der sich in den 1920er-Jahren zu einer lebendigen Geschäftsstraße mit vielen Warenhäusern, Restaurants, Cafés, Kinos und kleinen Varietétheatern, mit Straßenbahn und erheblichem Autoverkehr entwickelte. Viele Häuser wurden, der Losung Tauts vom »Bunten Magdeburg« folgend, farbig angestrichen, was nicht auf ungeteilte Freude stieß. Der Spottvers ging um: »Schaut, schaut, was da wird gebaut, ist denn keiner, der sich's traut und Taut den Pinsel klaut?«

Die »rote Stadt im roten Land«

Beim sozialdemokratischen Parteitag in Magdeburg 1929 wurde die Stadt als Hochburg der SPD, als »Rote Stadt im roten Land« gefeiert, was v. a. auf das seit 1919 im Amt befindliche Stadtoberhaupt Beims und die starke politische Präsenz der Partei in den meisten Landkreisen des Regierungsbezirks gemünzt war. Tatsächlich war Magdeburg zwischen 1919 und 1933 zu einem Zentrum der reformorientierten SPD geworden.

Das »sozialdemokratische Milieu« (Herlemann, S. 266) unter der Arbeiterschaft war stark ausgeprägt. Zahlreiche Nach- und Nebenorganisationen der SPD durchdrangen den sportlichen, kulturellen und nachbarschaftlichen Bereich sowie den der Erziehung und Freizeit. Mit der »Volksstimme« verfügte die Partei über eine vielgelesene Tageszeitung. In der neu erbauten Stadthalle fanden die Feiern zum 1. Mai statt sowie die vielbesuchten Bezirksfeste der Arbeitersängerchöre.

»Gegen den erbitterten Widerstand von Kirche und Bürgertum konnten in Magdeburg von engagierten Schulreformern mehr weltliche Sammelschulen als neuer Volksschultyp – koedukativ, überkonfessionell und lebenspraktisch – eingerichtet werden als anderswo, so dass Magdeburg auch als ›Stadt des neuen Lernens‹ bezeichnet wurde« (Herlemann, S. 264). Neben Taut hatte mit Hans Löscher 1921 auch ein neuer Stadtschulrat begonnen, der für das untere und mittlere Schulwesen zuständig war und entsprechende Reformen mit einleitete. Er schaffte es 1924, seinen Bereich aus der staatlichen Schulaufsicht zu lösen. Entscheidend war weiter, dass es der Stadt wert war, »kleine Klassen, tüchtige Lehrer, gute Lehrmittel, zeitgemäße Fortbildungsmöglichkeiten und damit eine leistungsfähige Volksschule« zu erhalten (zit. nach Asmus, Bd. 3, S. 487). Es wurden auch Versuchsschulen gegründet,

Wald- und Gartenschulen entstanden, sogar ein Freizeitgelände u. a. mit Schulgarten, Ställen für Kleinvieh, Schulküche, Freilichtbühne sowie Sport- und Spielplätzen in einem der vielen ehemaligen Forts.

Die Stärke der SPD in Magdeburg zur Zeit der Weimarer Republik hat ihre Ursache in den vielen Unterorganisationen, die sich um den Alltag der einfachen Leute kümmerten, und in der Kontinuität zweier sozialdemokratischer Oberbürgermeister mit Hermann Beims und Ernst Reuter während der gesamten Zeit der Weimarer Republik. Die absolute Mehrheit verlor die SPD allerdings bei der Wahl zur Stadtverordnetenversammlung am 5. Mai 1924 infolge der desaströsen Lage, in die Magdeburg infolge der galoppierenden Inflation 1923 geraten war. Wirtschaftlicher Niedergang und Massenarbeitslosigkeit begleiteten die Geldentwertung. Zwar konnte durch die Einführung der Rentenmark am 15. November 1923, die 1924 von der Reichsmark abgelöst wurde, die finanzpolitische Situation stabilisiert werden, aber die Massenarbeitslosigkeit blieb zunächst bestehen.

Für Taut waren die Anfang der 20er-Jahre kaum vorhandenen finanziellen Möglichkeiten der Stadt zur Verwirklichung seiner Pläne der Grund, Magdeburg nach nur drei Jahren als Stadtbaurat Richtung Berlin wieder zu verlassen. Johannes Goederitz wurde sein Nachfolger.

Die SPD erhielt bei der Wahl 1924 nur noch 35,9 % der Stimmen, die bürgerliche Einheitsliste aus DNVP/DVP/Zentrum kam auf 31 %, die KPD schnitt mit 10,6 % sehr gut ab. Der Völkisch-Soziale Freiheitsblock kam auf 5,4 %. Die DDP (Deutsche Demokratische Partei) erhielt 8,5 %, so dass die SPD mit ihr über eine knappe Mehrheit in der Stadtverordnetenversammlung verfügte. Zum ersten Mal erschienen auf den politischen Flügeln Parteien, die politische Spannungen und harte Auseinandersetzungen in der Zukunft erahnen ließen.

Der Wirtschaftsaufschwung ab 1924 trug aber zunächst zur Verbesserung des politischen Klimas bei. Die Firmen Polte und Krupp-Gruson hatten zwar größere Schwierigkeiten bei der Umstellung auf Friedensproduktion, andere Firmen wie die Maschinenfabrik Buckau oder die Armaturenfabrik Schäffer

& Budenberg konnten diese Umstellung dafür schneller bewerkstelligen. Die Verlagerung des Zuckerhandels nach Hamburg zog allerdings die Stilllegung zahlreicher Fabriken in Magdeburg und Umgebung nach sich, was wiederum den Konkurs mehrerer Maschinenfabriken zur Folge hatte, die auf die Anforderungen von Zuckerfabriken spezialisiert waren.

Die Schokoladenfabrik Hauswaldt wurde vom Stollwerk-Konzern übernommen und stellte die Produktion in Magdeburg ein. Die Schließung der Schraubenfabrik Rex-Werke führte zur Entlassung von 800 Arbeitern. Die nun immer weiter anwachsende Arbeitslosigkeit konnte von der Magdeburger Wirtschaft nicht kompensiert werden, da ihre Konzentration »auf den Maschinen- und Apparatebau, den Handel und die Verarbeitung von landwirtschaftlichen Produkten nicht überwunden werden konnte« (Tullner 2005, S. 739). Dennoch stabilisierte sich die Wirtschaft bis 1928.

»Zentrum Mitteldeutschlands«

Trotz teilweise widriger Umstände setzte Magdeburg unter Oberbürgermeister Beims also ganz neue Akzente im Bereich des Wohnungsbaus sowie der Sozial-, Kultur- und Schulpolitik. In wenigen Jahren wurde die Stadt wesentlich sozialer und demokratischer. Mit dieser Reformpolitik ging auch der Versuch einher, an die Bedeutung Magdeburgs in früheren Epochen anzuknüpfen und es wieder zu einem Zentrum mit Strahlkraft zu machen. Mitteldeutschland war territorial nach wie vor kleinteilig und zersplittert. Beims entwickelte die Idee, die westelbischen Teile der preußischen Provinz Sachsen mit Anhalt, dem Land Braunschweig und Teilen Nordthüringens zu der Großprovinz »Mitteldeutschland« zu verschmelzen, deren Hauptstadt Magdeburg sein sollte. Zu diesem Zweck sollten wichtige staatliche Institutionen in seine Stadt verlagert werden. Hier saßen bisher nur der Oberpräsident und ein Teil der Provinzialverwaltung.

Auch wenn diese Ideen zur Stärkung der Hauptstadt auf erheblichen Widerstand aus Halle und Merseburg sowie der preußischen Staatsregierung, die eine territoriale Verkleinerung ihres Territoriums strikt ablehnte, stießen, ließ sich Beims von den hochfliegenden Plänen eines Groß-Magdeburg nicht abbringen. Diese sahen vor, die Stadt von ihren rund 300.000 Einwohnern am Ende der 20er-Jahre auf 500.000 bis 700.000 Einwohner zu vergrößern. Zwar konnte dies nicht realisiert werden, auch weil die geplanten Stadterweiterungen zu bescheiden ausfielen, die preußische Regierung 1929 diese Bestrebungen nicht unterstützte und die geplante Fusion mit Schönebeck im Süden der Stadt nicht zustande kam. Aber das Ringen um die wirtschaftliche Weiterentwicklung und die Verbesserung der verkehrsstrategischen Lage wurde unvermindert fortgesetzt, so wie auch innerhalb der Stadt der Straßenbahnbau (1899 fuhr hier die erste elektrische Straßenbahn) bis in die an der Peripherie gelegenen Stadtteile energisch vorangetrieben wurde. Die Stadt kämpfte auch um den Anschluss an den Mittellandkanal, der Rhein, Weser und Elbe verbinden sollte. Schärfster Konkurrent um die Streckenführung war Leipzig, das mit Unterstützung der Wirtschaft die Südroute zu Saale und Weißer Elster forderte. Am Ende setzte sich die Nordroute über Magdeburg durch, v. a., weil die Weiterführung des Kanals nach Berlin damit gewährleistet sein würde. 1938 erfolgte die Anbindung an den Mittellandkanal.

Krisenerscheinungen am Ende der Ära Beims

Bereits 1928 wurden erste Zeichen einer wirtschaftlichen Krise sichtbar, die sich schnell im Haushalt der Stadt ablesen ließen. Bauvorhaben wurden gestoppt oder in die Länge gezogen. 1929 setzte sich diese Entwicklung bedrohlich fort: Im Oktober wurde in der Stadtverordnetenversammlung ein »Niedergang der Magdeburger Wirtschaft von enormem Ausmaß« (zit. nach Tullner 2005, S. 753) festgestellt. Der »Schwarze Freitag«, der am 25. Oktober 1929 die Weltwirtschaftskrise auslöste, hatte auch auf die lokale Wirtschaft schwerwiegende Auswirkungen. Die Stadt stemmte sich mit Investitionen in der Höhe von rund 100 Mio. Reichsmark in Infrastrukturprojekte gegen die drohende Depression.

Dieser Versuch, der Krise Herr zu werden, war aber angesichts deren Ausmaßes zum Scheitern verurteilt. Die Verschuldung der Stadt stieg im Gegenteil derartig an, dass Magdeburg 1930 wie andere Städte auch unter die Zwangsverwaltung eines Staatskommissars gestellt wurde, was die Selbstverwaltung faktisch abschaffte. Die ohnehin zu beobachtenden Tendenzen der politischen Radikalisierung verstärkten diese Entwicklung noch.

Die SPD konnte bei der Kommunalwahl am 17. November 1929 diesem Trend noch einmal trotzen und mit Abstand stärkste Partei werden. Aber die Ränder erstarkten bereits sichtbar. Die KPD hielt ihre Position mit 9,9 %, die NSDAP erhielt 5,5 %. Die DDP verlor als natürlicher Koalitionspartner der SPD erheblich an Stimmen. Dennoch hatten beide mit zusammen 37 von 60 Sitzen die Mehrheit. Unter dem Eindruck der Weltwirtschaftskrise wurde es jedoch immer schwieriger, die Stadt so zu regieren, dass der gesellschaftliche Konsens, der zumindest oberflächlich in den 20er-Jahren in den wichtigsten Feldern der Kommunalpolitik hergestellt worden war, weiter erhalten blieb. Er zerbrach in den wenigen Jahren, die der Weimarer Republik noch blieben. Der Streit um das Ehrenmal für die Gefallenen des I. Weltkrieges, mit dem das preußische Kultusministerium den Künstler Ernst Barlach 1927 beauftragte, zeigt dies sehr deutlich (s. S. 134).

Auch Oberbürgermeister Beims, der an der Spitze der Modernisierer stand, gelang es nicht mehr, die Gegensätze in der Gesellschaft zu überbrücken. Er wurde nun vom Bürgertum stärker als Vertreter der SPD denn als Volksrepräsentant wahrgenommen. Man warf ihm vor, mit seiner letztlich erfolglosen Hauptstadtpolitik die Stadt überfordert zu haben.

Im Alter von 68 Jahren fasste er am Schluss seiner Amtszeit auf der Gedenkveranstaltung zum 300. Jahrestag der Zerstörung Magdeburgs am 10. Mai 1931 sein politisches Kernprogramm so zusammen: Er wollte die Position der Stadt durch seine Modernisierungspolitik wieder in die Höhe bringen, die mit der Stellung Magdeburgs vor der Zerstörung 1631 vergleichbar sei. Natürlich war ihm auch die soziale Frage ein Anliegen, die ihm nun aufgrund der wirtschaftlichen Situation wieder mit tiefer Sorge erfüllte. Doch nicht nur seine Amtszeit war an ihr Ende gelangt: Im Dezember 1931 starb Beims an den

> **HINTERGRUND**
>
> **STREIT UM DAS BARLACH-DENKMAL**
> Am 24. November 1929 wurde das Barlach-Denkmal dem preußischen Staat als Auftraggeber zur Aufstellung im Dom übergeben. Die nun losbrechende Kontroverse zwischen Gegnern und Befürwortern ließ erkennen, dass sich die Modernisierer um Beims, gestützt auf die SPD als stärkste Kraft im Stadtrat, zwar für einige Jahre hatten durchsetzen können, dieser Kurs aber in konservativen Kreisen nicht mitgetragen wurde. »An der Spitze der Kritiker des Ehrenmals stand Domprediger Martin, der große Teile der Magdeburger Domgemeinde und der konservativen Öffentlichkeit um den ›Stahlhelm‹, den Königin-Luisen-Bund und andere Organisationen sowie Institutionen wie das Kaiser-Friedrich-Museum hinter sich wusste« (Tullner 2005, S. 752). Der Streit um das Denkmal machte beispielhaft deutlich, dass der Riss in der Stadtgesellschaft nicht nur wirtschaftliche, sondern durchaus tieferliegende Ursachen hatte, bei denen es um die Frage nach der inneren Einstellung zur Weimarer Republik und den damit verbundenen gesellschaftlichen Modernisierungstendenzen ging. Das Denkmal blieb bis zum Ende der Weimarer Republik im Dom, wurde 1934 auf Antrag des Domgemeinde-Kirchenrates in die Berliner Nationalgalerie überwiesen und 1955 wieder an den Dom zurückgegeben, wo es sich noch heute befindet. Ab Mitte der 80er-Jahre fanden hier die Friedensgebete statt, die dazu beitrugen, die DDR zum Einsturz zu bringen.

Folgen eines Sturzes – hoch geehrt von der Stadt, die er in wenigen Jahren mit klaren politischen Vorstellungen und Visionen so weit vorangebracht hatte. Die wichtigste Siedlung des »Neuen Bauens« in Magdeburg trägt bis heute seinen Namen.

Oberbürgermeister Ernst Reuter 1931–1933

Als Beims' Nachfolger Ernst Reuter am 28. April 1931 von der Stadtverordnetenversammlung zum neuen Oberbürgermeister gewählt wurde und am 15. Mai sein Amt antrat, hatte sich die politische Atmosphäre gegenüber dem Ende der 20er-Jahre dramatisch verändert. Die politische Radikalisierung hatte seit der Weltwirtschaftskrise im Oktober 1929 in Deutschland das geistige und politische Klima vergiftet. Auch in Magdeburg war diese Entwicklung deutlich spürbar. Bei den Reichstagswahlen 1930 erzielten die Nationalsozialisten sowie die Kommunisten auch hier erhebliche Stimmenzuwächse. Die NSDAP erhielt 38.089 Stimmen und wurde hinter der SPD mit 75.347 Stimmen zweitstärkste Kraft, die KPD kam auf 25.005 Stimmen. Bis dahin konnte die NSDAP trotz mehrerer Auftritte Adolf Hitlers im Juni 1925 im »Hofjäger« im Herrenkrugpark nicht an den »deutschen Arbeiter« in Magdeburg herankommen.

Kampflos überließen die anderen Parteien den Nationalsozialisten nicht das Feld. Die Kommunisten lieferten sich in diesen letzten Jahren der Weimarer Republik Straßenkämpfe mit der NSDAP, deren neue Taktik nicht nur Propaganda und Politisierung der Massen vor Wahlen, sondern wöchentliche Aktionen und Demonstrationen ihrer Stärke und Präsenz vorsah. Das »Reichsbanner Schwarz-Rot-Gold«, die Republikschutzorganisation der Parteien der Weimarer Koalition der SPD, DDP und des Zentrums, war auf drei Millionen Mitglieder angewachsen und organisierte gerade in Magdeburg Massenaufmärsche, präsentierte die von rechts angefeindete schwarz-rotgoldene Staatsflagge und bekannte sich öffentlich zur Reichsverfassung von Weimar. 1930 weihte die Organisation das Stadion »Neue Welt« an der Berliner Chaussee ein. Auf ihrem sich anschließenden Bundestreffen kamen 60.000 Teilnehmer auf dem Domplatz zusammen und demonstrierten für Demokratie und Republik.

Aber die weiter ansteigende Arbeitslosigkeit und der fast unaufhaltsame Aufstieg der extremen Rechten lasteten schwer auf der Stadt. Bei etwa 308.000 Einwohnern kletterte die Zahl der Erwerbslosen im Februar 1932 auf mehr als 30.000, Tendenz weiter steigend. Im benachbarten Land Braunschweig sammelten sich unterdessen die antidemokratischen Nationalisten und Rechtsextremen im Bündnis gegen das zweite Kabinett unter Reichskanzler Heinrich Brüning, das sich am 10. Oktober 1931 gebildet hatte. Am 11. Oktober 1931 verbündeten sich NSDAP, DNVP, »Stahlhelm«, Bund der Frontsoldaten, Reichslandbund und Alldeutscher Verband in Bad Harzburg zur Harzburger Front. In die sich aufheizende, radikalisierende politische Stimmung mischten sich nun auch antisemitische und fremdenfeindliche Töne. So wurde etwa Xanti Schawinsky, ein in Verbindung mit dem Bauhaus in Dessau stehender Fotograf und Reklamekünstler, der 1929 Leiter der graphischen Abteilung in der städtischen Hochbauverwaltung in Magdeburg geworden war, als Jude und Ausländer derartig angegriffen, dass er sich im November 1931 gezwungen sah, die Stadt zu verlassen.

Oberbürgermeister Reuter hatte von Anfang an einen schweren Stand in der Stadt. Persönlich angefeindet, versuchte er, die Demokratie gegen rechts und links zu verteidigen und die soziale Not in der Stadt zu lindern, indem er trotz äußerst angespannter Haushaltslage die Kosten für städtische Leistungen senkte. Straßenbahnfahrten wurden von 20 auf 15 Pf gesenkt, Arbeitsbeschaffungsmaßnahmen und eine Winternothilfe für Bedürftige eingeführt. So wurden, unterstützt durch breite Kreise der Bevölkerung, im Winter 1931/32 mehr als eine Million Mittagessen an knapp 25.000 Personen ausgegeben.

Ein weiteres Problem bestand in der noch immer herrschenden Wohnungsnot. Ende 1931 kam der städtische Wohnungsbau wegen der verheerenden Haushaltssituation zum Erliegen. Um diese Situation zu ändern und zur Überbrückung der Zeit der Arbeitslosigkeit regte die Reichsregierung an, ein Selbsthilfe-Siedlungsprogramm aufzulegen. Diese Anregung fiel in Magdeburg auf fruchtbaren Boden. Arbeitslose sollten in die Lage versetzt werden, sich ihr Eigenheim durch selbst erbrachte Leistungen zu bauen. 1932 entstanden auf diese Weise fünf Selbsthilfesiedlungen in der Stadt.

Darüber hinaus war Reuter bemüht, die Kontinuität zur Amtszeit Beims' zu wahren. Allerdings verfolgte er dessen Pläne, Magdeburg zum Zentrum Mitteldeutschlands zu machen, nicht weiter. Diese Politik musste man nach realistischer Einschätzung als gescheitert betrachten. Infrastrukturprojekte, die schon in der Zeit Beims' begonnen worden waren, konnten unter Reuter teilweise zum Abschluss gebracht werden, wie

UMSTRITTENER KANDIDAT
Reuters Wahl wurde von giftigen Kommentaren und Angriffen aus dem kommunistischen und rechtsradikalen, aber auch aus dem bürgerlichen Lager begleitet. Er war seit 1926 als Leiter des Dezernates Verkehrs- und Versorgungsbetriebe im Berliner Magistrat tätig gewesen. In diesem Amt hatte er sich hohe Anerkennung als Initiator der Berliner Verkehrsgesellschaft erworben. Im I. Weltkrieg war er schwer verwundet worden, kam in russische Kriegsgefangenschaft und schloss sich 1918 den Bolschewisten an. Von 1919 bis 1922 gehörte er der KPD an und war für wenige Monate sogar deren Generalsekretär. 1922 kehrte er in die SPD zurück, in die er schon 1912 eingetreten war. Da sich die Magdeburger SPD nicht auf einen Nachfolger für Beims aus den eigenen Reihen einigen konnte, schlug der Parteivorstand ihn als neuen Oberbürgermeister vor.
Die Ablehnung Reuters ging so weit, dass die Kommunisten, Nationalsozialisten und die Rechtsfraktion seiner Amtseinführung in der Magdeburger Stadtverordnetenversammlung fernblieben.

etwa die Inbetriebnahme des Wasserwerks Colbitz am 12. August 1932, mit der endlich dieses lange bestehende Problem gelöst werden konnte.

Wie aufgeladen die politische Atmosphäre war, erfuhr Reuter am eigenen Leibe, als er bei einem Wahlkampfauftritt – er kandidierte für den Reichstag – im Oktober 1932 in Klötze in der Altmark fast ums Leben kam: Über dem Rednerpult war eine von politischen Extremisten platzierte Bombe explodiert. Er wurde nicht verletzt und zog schließlich in den Reichstag ein.

Magdeburg wurde 1932 zum Schauplatz großer Wahlkampfauftritte auch der Kommunisten und Nationalsozialisten. Am 21. April 1932 trat der Führer der KPD, Ernst Thälmann, in der Stadthalle vor 6.000 Anhängern auf. Der Einfluss der KPD vergrößerte sich in Magdeburg aber nicht mehr, während die NSDAP bei den Reichstagswahlen am 31. Juli 1932 mit 37,8 % stärkste Fraktion wurde. Als am 22. Oktober 1932 Hitler zu einer Wahlkampfveranstaltung die Stadt besuchte, kam es zu gewaltsamen Ausschreitungen zwischen seinen Anhängern und protestierenden Magdeburgern auf der Höhe des Stadions »Neue Welt«. Die NSDAP hatte das gesamte Stadthallenareal am Adolf-Mittag-See gemietet. Hitler wurde von 20.000 Anhängern bejubelt, die teilweise mit der Eisenbahn und auf Lastwagen nach Magdeburg transportiert worden waren.

Trotz drohender Zeichen, die auf die beginnende Diktatur hindeuteten, setzte Reuter seine Bemühungen um die Beibehaltung einer aufklärerischen und sozialorientierten Politik fort. So kam der für seine großen sozialkritischen literarischen Werke bekannte Dichter Gerhart Hauptmann zu seinem 70. Geburtstag auf Einladung der Stadt nach Magdeburg. Die Festveranstaltung fand in der Stadthalle statt, wo keine vier Wochen zuvor Hitler seinen Auftritt gehabt hatte. In seiner Festrede auf Hauptmann bezog Reuter sich v. a. auf das soziale Engagement des Dichters und erntete viel Beifall dafür.

Hoffnung für den Erhalt der Demokratie und der Republik hatten Reuter und andere aus den Reichstagswahlen vom 6. November 1932 geschöpft, in der die NSDAP Einbußen hinnehmen musste. Für die SPD gab es mehr Stimmen als für die NSDAP. Aber die Hoffnung war von kurzer Dauer: Am 30. Januar 1933 ernannte Reichspräsident Hindenburg Hitler zum Reichskanzler, was Reuter mit dem Satz kommentierte: »Wir werden jetzt zehn Jahre in die Wüste gehen und dann kommen wir wieder« (zit. nach Herlemann, S. 279).

Magdeburg unter dem Hakenkreuz
1933–1945

Die rote Stadt wird braun

Nur wenige Wochen nach seiner Prophezeiung wurde Reuter von der SA aus seinem Dienstzimmer im Rathaus gezerrt und einer grölenden Menge vorgeführt. Am selben Tag, dem 11. März 1933, demütigten SA-Männer seinen Stellvertreter, Bürgermeister Herbert Goldschmidt, in aller Öffentlichkeit, weil er Jude war, und zwangen ihn zum Gruß der Hakenkreuzflagge. 1943 wurde er im Konzentrationslager Rügen ermordet.

Reuter wurde am 9. Juni 1933 inhaftiert und zweimal für je ein halbes Jahr im Konzentrationslager Lichtenburg inhaftiert. Im Januar 1935 konnte er Magdeburg verlassen und in die Türkei emigrieren. Nach dem II. Weltkrieg kehrte er nach Deutschland zurück und übernahm wieder das Berliner Verkehrsdezernat. 1947 wurde er dort zum Oberbürgermeister gewählt, was aber von der sowjetischen Militäradministration nicht akzeptiert wurde. Im Dezember 1948 wählten ihn die Westberliner erneut in dieses Amt, ab 1950 unter der Bezeichnung »Regierender Bürgermeister«. Während der Berlin-Blockade wurde er durch seine Standfestigkeit und seine Rede »Völker der Welt, schaut auf diese Stadt …« weltberühmt. Bis zu seinem Tod im September 1953 blieb Reuter in diesem Amt.

Die Nationalsozialisten feierten die »Machtergreifung« Hitlers auch in Magdeburg mit einem triumphalen Fackelumzug. »Die Opposition in der reformorientierten SPD-Hochburg hatte in der Endphase der Demokratie die NSDAP angeführt – vom evangelisch-bürgerlichen Protestlager bis hinein in enttäuschte Arbeiterkreise« (Hattenhorst, S. 779). Mit 37.000 Menschen war ein Drittel der Erwerbstätigen in Magdeburg ohne Arbeit. Die Anhänger der Republik wurden vor diesem Hintergrund immer schwächer. Auch das »Reichsbanner

Schwarz-Rot-Gold« und die Eiserne Front, die als demokratische Antwort auf die Harzburger Front gegründet worden war, waren nicht in der Lage, gegen die Feinde der Demokratie wirksamen Widerstand zu leisten.

Die Kommunalwahl am 12. März 1933, die durch die Einschüchterung der NSDAP bereits nicht mehr regulär war, brachte die Partei zwar als stärkste Fraktion hervor, doch sie erhielt nicht die absolute Mehrheit. Aber die Macht lag im »Dritten Reich« ohnehin nicht mehr bei gewählten Parlamenten, sondern bei den Nationalsozialisten, die mit ihren paramilitärischen Verbänden, der SA und der SS, ihre Politik mit Gewalt durchsetzten. So wurde der überzeugte Nazi Fritz Markmann an die Stelle des verjagten Ernst Reuter gesetzt und am 6. Juli 1933 offiziell zum Oberbürgermeister »gewählt«. Er war Jurist und seit 1925 als Syndikus und Geschäftsführer mittelständischer Unternehmen in Magdeburg tätig. 1931 trat er in die NSDAP ein. Er interessierte sich sehr für die Geschichte des Magdeburger Rechts, das sich gut dafür eignete, in das ideologisch geprägte Geschichtsbild der Nazis eingepasst zu werden, da es mit seiner enormen Ausdehnung v. a. nach Osteuropa Überlegenheitsphantasien der »germanischen Rasse« über die slawischen Völker Osteuropas historisch zu legitimieren schien. Markmann wurde nach dem Ende des II. Weltkriegs von den Amerikanern verhaftet und interniert, im September 1946 jedoch wieder entlassen. Bis zu seinem Tode 1949 lebte er in Niedersachsen, wo ihn eine Entnazifizierungskommission als »Mitläufer« einstufte.

Das Jahr 1933 »bedeutete für die städtische Geschichte Magdeburgs eine tiefgreifende Zäsur – in politischer, wirtschaftlicher und kultureller Hinsicht« (Hattenhorst, S. 300). Die »Machtergreifung« wurde v. a. nach dem Reichstagsbrand vom 27. Februar und der Reichstagswahl vom 5. März zunehmend spürbar und sichtbar. Angehörige der SS, der SA und des »Stahlhelms« wurden zu »Hilfspolizisten«, die, gedeckt durch den Innenminister und Reichskommissar Hermann Göring, willkürlich v. a. gegen Kommunisten vorgehen und öffentliche Gebäude okkupieren konnten, um dort die Hakenkreuzfahne zu hissen. Juden, Sozialdemokraten und Kommunisten waren schon in dieser Zeit Demütigungen und Verfolgungen ausgesetzt.

Wie überall im »Dritten Reich« begann nun die Politik der Gleichschaltung, der Verbote und der Diskriminierung von Juden. Funktionäre und einfache Mitglieder der SPD und KPD sowie Gewerkschafter wurden in »Schutzhaft« genommen. Internierungslager wurden das Stadion »Neue Welt«, das Schloss Dornburg östlich von Magdeburg und das KZ Lichtenburg bei Torgau. Die hier Inhaftierten wurden nicht nur in Gefangenschaft gehalten, sondern auch gedemütigt und gefoltert. Zum zentralen Ort dieser Aktionen wurde das ehemalige Reichsbanner-Bundeshaus in der Nähe des Klosters Unser Lieben Frauen, in der Volkssprache das »Braune Haus« genannt. Hier wurde im April/Mai 1933 die Staatspolizeistelle Magdeburgs, der Gestapo-Sitz, eingerichtet. Die Kellerräume wurden zu Gefängnissen für politische Häftlinge.

Die Verfolgung bestimmter Gruppen innerhalb der Bevölkerung nahm im Laufe weniger Jahre ein erhebliches Ausmaß an, gestützt auf Gesetze, Erlasse und Verordnungen, die der NS-Staat in ganz Deutschland erließ, um den Anschein von Gesetzlichkeit zu wahren. Aus rassischen Gründen wurden in erster Linie Juden verfolgt, bald aber auch Sinti und Roma. Um eine »rassenreine Volksgemeinschaft« zu erzeugen, bezog sich die Verfolgung bis hin zu Folter und Ermordung darüber hinaus auf alle, die in den Augen der Nazis als »Erbkranke« oder »Asoziale« galten, wie etwa behinderte Menschen, Homosexuelle und Prostituierte. Außerdem konnte jeder ins Fadenkreuz der Verfolgung kommen, der politisch missliebig war oder sich seine religiöse Überzeugung nicht nehmen ließ. In diesem System von Unterdrückung und Denunziation war niemand vor staatlicher Repression sicher.

Um die Herrschaft des Nationalsozialismus in Magdeburg nicht nur mit Hakenkreuzflaggen sichtbar zu machen, wurde am 23. Februar 1936 ein 19 m hohes Denkmal vor dem Dom eingeweiht, das eine Gruppe von SA-Männern unter einem Adler zeigte.

Von der Mitte der 30er-Jahre an besserte sich im Zuge der NS-Wirtschafts- und Arbeitsbeschaffungspolitik die konjunkturelle Lage in Magdeburg, das nun auf 340.000 Einwohner angewachsen war. Insbesondere trug die »kriegsvorbereitende

Rüstung« (Hattenhorst 2005, S. 789) zur wirtschaftlichen Erholung bei. Außerdem profitierte der NS-Staat von Industrieanlagen, die bereits in den letzten Jahren der Weimarer Republik errichtet oder projektiert worden waren. Um Industrie nicht nur im Süden der Stadt anzusiedeln, wo sie sich seit der Mitte des 19. Jhs. vorzugsweise entwickelt hatte, waren die Großgaserei Mitteldeutschland und das Mitteldeutsche Kraftwerk im Norden errichtet worden. 1933 kam der Industriebetrieb Georg v. Giesches Erben, eine Zinkhütte mit Hauptsitz in Schlesien, hinzu. »Die Stadt besaß nun neben dem industriellen Zentrum im Südosten der Stadt, welches sich über Sudenburg (Polte, Hubbe/Farenholz), Buckau (Friedrich Krupp Gruson Maschinenfabrik Buckau R. Wolf) bis nach Fermersleben und Salbke (Saccharin-Fabrik) erstreckte, ein zweites im Norden. Hinzu kamen darauf Zweigwerke der Junkerschen Flugzeugwerke sowie der Braunkohle-Benzin AG (Brabag). Die Brabag sollte im Rahmen des Vierjahresplanes durch Hydrierverfahren aus Braunkohleteer kriegswichtigen Treibstoff bereitstellen« (Hattenhorst 2005, S. 790).

Magdeburgs Stellung als »Verkehrszentrum in der Mitte des Deutschen Reiches« (zit. nach Hattenhorst 2005, S. 790) sollte durch den 1937 erzielten Anschluss an die Reichsautobahn Hannover–Berlin und die Verbindung zwischen dem Mittellandkanal und der Elbe, die durch das 1938 fertiggestellte Schiffshebewerk Rothensee hergestellt werden konnte, gefestigt werden. Diesen Verkehrsknotenpunkt der Binnenschifffahrt nannte man »Blaues Kreuz«. Andere dringende Projekte, wie der Strombrückenzug mit einer großflächigen Sanierung der Altstadt, wurden begonnen, aber bis zum Ausbruch des II. Weltkriegs nicht zu Ende gebracht.

Die Pogromnacht am 9. November 1938

Den äußeren Anlass für die Pogromnacht am 9. November 1938, von den Nazis euphemistisch »Reichskristallnacht« genannt, lieferte ein Attentat des polnischen Juden Herschel Grünspan auf den Legationsrat Ernst von Rath in der Deutschen Botschaft in

Zerstörungen in der Magdeburger Synagoge am 9. November 1938

Paris an diesem Tag. Hitler und Goebbels hielten sich zu diesem Zeitpunkt in München auf. Goebbels löste nach einem intensiven Gespräch mit Hitler »Vergeltungsmaßnahmen« aus, die noch an diesem Abend überall in Deutschland von SA-Männern durchgeführt wurden. Sie bestanden aus der Zerstörung jüdischer Geschäfte und der Synagogen. Nach amtlichen Berichten wurden am 9. und 10. November in Magdeburg 29 Geschäfte sowie ein Kontor verwüstet und 120 Juden in »Schutzhaft« genommen. Die Geschäfte befanden sich vorwiegend in der Innenstadt. Am 11. November wurden 200 jüdische Bürger aus Magdeburg und der Region in das KZ Buchenwald verschleppt. Einigen gelang die Rückkehr, indem sie sich – meist unter Zurücklassen von Hab und Gut – zur Ausreise verpflichteten. So glückte dem langjährigen Rabbiner der Magdeburger Synagogengemeinde Dr. Georg Wilde mit Hilfe des britischen Oberrabbiners Joseph H. Hertz im März 1939 die Emigration nach London.

In dieser Nacht wurde auch die Magdeburger Synagoge Ziel von Angriffen. Ihr Innenraum sowie ein angrenzender Musiksaal und die Geschäftsräume der Gemeinde wurden verwüstet, Torarollen verbrannt und Geld sowie wertvolles Inventar geraubt. Nach der Beendigung des Pogroms wurde durch Gesetze und Verordnungen vom 1. Januar 1939 an beinahe jegliche wirtschaftliche Tätigkeit der jüdischen Bevölkerung in Deutschland untersagt. Der Lagebericht des Sicherheitsdienstes zog aus dem Jahr 1938 folgendes Fazit: »Zusammenfassend kann festgestellt werden, daß die Judenschaft ... damit endgültig aus allen Teilen des deutschen Gemeinschaftslebens ausgeschlossen ist, so daß den Juden zur Sicherung der Existenz nur die Auswanderung bleibt« (zit. nach Skirlo, S. 223).

Kriegsbeginn und Kriegsproduktion in Magdeburg

Mit dem Einmarsch in Polen am 1. September 1939 begann nach intensiven Kriegsvorbereitungen, an denen mehrere große Rüstungsfirmen in Magdeburg beteiligt waren, der II. Weltkrieg. Das Krupp-Grusonwerk hatte den Panzer IV als mittleren Panzer für die Wehrmacht entwickelt und 1938 mit der Serienproduktion begonnen. Dieses militärstrategisch wichtige Gefährt, das sehr flexibel einsetzbar war, lief rund 4.800-mal vom Band. Darüber hinaus wurden Geschütze für Fliegerabwehrwaffen und U-Boote sowie Walzwerke für die Herstellung kriegswichtiger Waffen und Munition geliefert. Außerdem stellte das Werk Großanlagen für die Herstellung synthetischen Benzins wie z. B. für die Brabag in Magdeburg her. Das Junkers-Werk produzierte ab 1938/39 den Flugmotor für den Sturzkampfbomber und andere Flugzeuge der Luftwaffe. Auch die anderen traditionsreichen Fabriken wie die Maschinenfabrik Buckau R. Wolf und Schäffer & Budenberg stellten kriegswichtige Produkte her.

Die politische Repression gegenüber allen missliebigen Gruppen in der Gesellschaft nahm mit dem Ausbruch des Krieges weiter zu. Es wurde ein »Sondergericht« in Magdeburg eingerichtet, das selbst kleine Delikte als »Heimtücke« bestrafen und Todesurteile verhängen konnte.

KZ-Außenlager in Magdeburg

Nach den Anfangserfolgen der Wehrmacht kam es Ende 1941 zum ersten großen Rückschlag in der Schlacht um Moskau. Im

Deutschen Reich begann »die Umstellung der gesamten Wirtschaft auf die Erfordernisse einer totalen Kriegsführung. Dies bedeutete die vollständige Erfassung der deutschen Bevölkerung für Wehrmacht und Rüstungsproduktion sowie v. a. die beschleunigte Ökonomisierung der Konzentrationslagerhaft. Ab Mitte 1941 ging die SS zum massenhaften Einsatz der KZ-Häftlinge in der Wirtschaft über. Ab Herbst 1942 bis Kriegsende entstanden v. a. in unmittelbarer Nachbarschaft zu Rüstungsbetrieben insgesamt zwischen 1200 und 1600 KZ-Außenlager, in denen über 700.000 Häftlinge für die deutsche Kriegswirtschaft arbeiten mussten« (Begrich, S. 318). Es gab in Magdeburg zwei Außenlager, die zum KZ Buchenwald gehörten, mit mehr als 5700 Häftlingen. 1944 wurde in unmittelbarer Nähe zur Werkssiedlung der deutschen Brabag-Arbeiter in Rothensee das von der SS als »Magda« bezeichnete KZ-Außenlager als Kriegsgefangenen- und Zwangsarbeiterlager errichtet. Zeitweilig mussten hier bis zu 4000 Männer Luftschutzanlagen für die Belegschaft der Brabag bauen, damit trotz zunehmender Luftangriffe der Alliierten die kriegswichtige Produktion von Flugbenzin und U-Boot-Treibstoff aufrechterhalten werden konnte. Die Bedingungen dieses Baukommandos waren so hart, dass bis zur Auflösung des Lagers im Februar 1945 550 Häftlinge entweder an den Folgen schwerer Arbeit gestorben oder von der SS ermordet worden waren.

Im Juni 1944 wurde bei der Polte OHG in Magdeburg-Stadtfeld ein KZ-Außenlager für weibliche Häftlinge errichtet, die zur Produktion von Patronen und Hülsen eingesetzt wurden. Durchschnittlich waren hier 2900 Häftlinge untergebracht, die als arbeitsfähig eingestuft und im Laufe des Jahres 1944 aus verschiedenen Konzentrationslagern hierher gebracht wurden. Zwischen November 1944 und März 1945 wurden über 600 KZ-Häftlinge aus Buchenwald, Bergen-Belsen und Langenstein-Zwieberge dem Lager zugeführt. Die Lebens- und Arbeitsbedingungen waren hier ähnlich katastrophal wie in allen anderen Lagern.

Wie viele Häftlinge in dieser Zeit umkamen, lässt sich nicht genau feststellen. 20 Todesfälle unter den Frauen sind registriert, dutzende unter den Männern. Außerdem führten ständige Selektionen nach Arbeitsfähigkeit dazu, dass weit über

100 Frauen und Männer zurück in die Konzentrationslager, aus denen sie gekommen waren, gebracht wurden, was für viele von ihnen den sicheren Tod bedeutete.

Am 13. April 1945 trieben zwei Volkssturmzüge die etwa 3500 Frauen und Männer im KZ Polte aus dem Lager quer durch die Stadt zum Stadion »Neue Welt«, wo es zu einem etwa halbstündigen Massaker kam, in dem unzählige Menschen umkamen. Die entkräfteten Häftlinge hatten auf den Artilleriebeschuss amerikanischer Truppen, die inzwischen vor der Stadt lagen, panisch reagiert, worauf die Volkssturmeinheiten das Feuer auf sie eröffneten. Die überlebenden Häftlinge wurden auf den Todesmarsch zum KZ Ravensbrück geschickt, den von den knapp 3000 Menschen nur etwa 600 überlebten.

Zerstörung der Stadt am 16. Januar 1945

Bereits ein knappes Jahr nach Ausbruch des Krieges, in der Nacht vom 21. zum 22. August 1940, waren die ersten Bomben auf die Stadt gefallen. Zehn britische Flugzeuge hatten die Bomben geworfen, drei Menschen starben, sieben wurden verletzt. Im Dezember 1940 fand der nächste Angriff statt, zwei weitere folgten im April und August 1941. 28 Einwohner starben bei diesen Angriffen, die Industrieanlagen und Eisenbahnanlagen, aber auch Wohngebiete zum Ziel hatten. Es folgte eine Phase der Ruhe, bis die britische Luftwaffe mit dem Angriff auf Lübeck Ende März 1942 den Luftkrieg gegen deutsche Städte begann. Mit den Flächenbombardements von Wohngebieten sollte der Widerstandswille der deutschen Zivilbevölkerung gebrochen werden.

Der Bunkerbau wurde intensiviert, Evakuierungspläne wurden entworfen, zumal nach dem einwöchigen Bombardement britischer und amerikanischer Luftstreitkräfte im Sommer 1943, in dem mehr als 30.000 Menschen in Hamburg ums Leben kamen, »ein Strom Ausgebombter und aus der brennenden Hansestadt Flüchtender auch im Gau Magdeburg-Anhalt eintraf« (Wille, S. 49).

Trotz der zunehmenden Bedrohung und großer Befürchtungen in der Stadt blieb Magdeburg im weiteren Verlauf des

VERFOLGUNG UND WIDERSTAND

Die zum Beginn des Krieges noch in Magdeburg lebenden Juden wurden in sogenannten »Judenhäusern« separiert, das Hotel »Amsterdam« wurde von der Stadt gekauft, um dort Juden getrennt von der übrigen Bevölkerung unterzubringen. Die bald darauf beginnenden frühen Deportationen gingen in die Ghettos von Riga und Minsk, spätere hatten Warschau und Theresienstadt sowie das Vernichtungslager Auschwitz zum Ziel. Im November 1940 war die Zahl der Mitglieder der ehemals stattlichen jüdischen Gemeinde auf 440 gesunken. Ende 1942 war Magdeburg nahezu »judenfrei«.

Auch die in einem am Holzweg befindlichen »Zigeunerlager« lebenden Sinti und Roma waren schon vor Kriegsausbruch erheblichen Repressalien ausgesetzt. Bereits im Juni 1938 wurden 21 Insassen in das KZ Buchenwald verschleppt. Im Dezember 1942 ordnete Heinrich Himmler an, alle Sinti und Roma zu deportieren. Am 1. März 1943 wurde das Lager am Holzweg vollständig aufgelöst. Alle Insassen wurden vom Hauptgüterbahnhof Magdeburg nach Auschwitz transportiert.

Widerstand gegen das Hitler-Regime formierte sich v. a. in der KPD und der SPD sowie einigen sozialistischen Splittergruppen. Um den Lehrer Martin Schwantes bildete sich die Magdeburger Gruppe der KPD, die sich bis zum Attentat auf Hitler am 20. Juli 1944 hielt, dann aber verhaftet wurde. Schwantes wurde zum Tode verurteilt und am 5. Februar 1945 im Zuchthaus Brandenburg hingerichtet. Der in Magdeburg geborene Henning von Tresckow war neben Claus Schenk Graf von Stauffenberg einer der wichtigen Akteure der Verschwörung gegen Hitler. Er nahm sich nach dem gescheiterten Attentat an der Ostfront das Leben.

Jahres 1943 von Luftangriffen verschont. Die Reichsregierung hatte die Stadt u. a. wegen ihrer erheblichen Rüstungsindustrie neben Dessau zum »Luftschutzort I. Ordnung« erklärt. Doch am 22. Februar 1944 wurde Magdeburg wieder Ziel eines Luftangriffs. Mit einer Unterbrechung von drei Monaten flogen zwischen Mai und Oktober 1944 neunmal US-Bomber Luftangriffe auf die Stadt. Die Tagesangriffe galten v. a. der

Rüstungsindustrie und dem Fliegerhorst in Magdeburg-Ost. Dabei kamen mehrere hundert Menschen ums Leben.

Bis Ende 1944 hatte es in Magdeburg rund 500 Luftalarme gegeben. Trotz der trügerischen Ruhe, die Ende 1944 herrschte, machte sich auch wegen der allmählich um sich greifenden Erkenntnis, dass dieser Krieg nicht gewonnen werden konnte, die sich verstärkende Vorahnung in der Stadt breit, auch sie könne zum Ziel einer flächendeckenden Bombardierung werden. Tatsächlich befand sie sich auf Platz 1 einer Liste von noch zu zerstörenden deutschen Städten, die der Oberbefehlshaber der Bomberflotte der Royal Air Force, Arthur Harris, im November 1944 der britischen Regierung vorlegte. Wegen der Ardennen-Offensive des »Dritten Reichs« im Winter 1944/45 hatte sich die britische Luftwaffe jedoch zunächst auf das Zurückschlagen dieses Vorstoßes der Wehrmacht an der Westfront konzentriert. Im Januar 1945 zeichnete sich das Scheitern der deutschen Gegenoffensive ab.

Am Vormittag des 16. Januar 1945 ertönte bereits zum 13. Mal im neuen Jahr Fliegeralarm. 122 US-Flugzeuge griffen v. a. die Junkers-Werke, das Krupp-Gruson-Werk sowie umliegende Wohngebiete an. Dachten die Magdeburger, sie hätten nach diesem Angriff an diesem Tag nichts mehr zu befürchten, mussten sie am Abend die seit 1631 schwerste Katastrophe in der Geschichte ihrer Stadt erleiden. Um kurz nach 19.00 Uhr hoben 370 Bomber mit über 1000 Tonnen Spreng- und Brandbomben an Bord von den Flugplätzen der englischen Grafschaft Yorkshire ab und flogen in sechs Angriffsverbänden Richtung Deutschland. Durch taktische Manöver gelang es den Halifaxes, Lancasters und Mosquitos der Royal Air Force, die deutsche Luftabwehr über ihr Ziel zu täuschen, so dass in Magdeburg zu spät Fliegeralarm ausgelöst wurde. Das Ziel war nämlich nicht, wie zunächst angenommen, das Ruhrgebiet, sondern Magdeburg. Das Code-Wort für das Angriffsziel hieß »Grilse«, junger Lachs.

Als um 21.28 Uhr der Fliegeralarm ertönte, war die Altstadt mit roten und grünen Leuchtbomben bereits markiert. Viele Menschen konnten die Luftschutzbunker oder Kellerräume nicht mehr rechtzeitig erreichen. Um 21.32 Uhr begann das Flächenbombardement. Zunächst rissen Luftminen die Dächer

Blick von der Johanniskirche über das zerstörte Magdeburg, um 1950

der Häuser auseinander, Türen und Fenster wurden zerschlagen, dann setzten die Brandbomben die schwer beschädigten Gebäude in Brand. Um 21.58 Uhr drehten die Bomber wieder in Richtung England ab. Die Detonationen waren noch in 70 km Entfernung zu hören, der Feuerschein der brennenden Stadt war weithin sichtbar. Als die britischen Flugzeuge auf dem Rückflug den Rhein überquerten, konnten sie den 370 km weit entfernten Brand noch sehen.

Wie viele Menschen in dieser Nacht ums Leben kamen, ist nicht genau feststellbar. Sehr schnell war von 16.000 Toten die Rede, woran die DDR-Geschichtsschreibung festhielt. Bei Auswertung aller verfügbaren Unterlagen, auch denen aus dem National Archive in Washington, kann die Zahl der Toten vorsichtig mit etwa 2.500 beziffert werden.

Die Magdeburger Altstadt wurde zu etwa 90 % zerstört, Teile der Alten und der Neuen Neustadt sowie der Wilhelmstadt, dem heutigen Stadtfeld, waren ebenfalls dem Bombenhagel ausgesetzt. »Das Bombardement vom 16. Januar 1945 gehört zu den 20 schwersten und verlustreichsten, die englische und amerikanische Flugzeuge während des II. Weltkrieges gegen deutsche Städte geflogen sind« (Wille, S. 71).

Sozialistische Industriestadt in der DDR 1945–1990

Kriegsende 1945

»Mein lieber Junge! Wenn Du diesen Brief erhältst, hast Du Dir sicher schon große Sorgen ... gemacht, denn ich nehme an, daß Du schon erfahren hast, daß Deine Vaterstadt ein schweres Schicksal getroffen hat. Praktisch existiert Magdeburg nicht mehr, die Altstadt ist eine Ruine, wir haben kein Heim mehr und sind bettelarm. Außer den Sachen, die ich am Leibe habe ..., habe ich nichts mehr retten können« (zit. nach Asmus, Bd. 3, S. 608). Diese Zeilen schrieb Ella Wolf am 19. Januar 1945 aus Magdeburg an ihren Sohn, Feldwebel Günter Wolf, in Norwegen. Die Stadt war nach dem 16. Januar nur noch in Teilen bewohnbar.

Von den früher rund 300.000 Einwohnern hatten nur noch 90.000 ein Dach über dem Kopf – und der Krieg war noch nicht zu Ende. Im März wurde Magdeburg zur Festung erklärt. Generalleutnant Raegener wurde als Kriegskommandant eingesetzt. Vorrangig im Osten setzte man umfangreiche Schanzarbeiten in Gang und errichtete Panzersperren. Allerdings änderte sich die Lage Anfang April 1945 schlagartig, als nicht die erwartete Rote Armee von Osten auf die Stadt zumarschierte, sondern sich im Westen Magdeburgs die Verbände der 9. US-Armee ankündigten, da sie an der Weser zur Offensive angetreten waren und den Befehl hatten, in das Gebiet der mittleren Elbe, also den Raum Magdeburg, vorzustoßen.

Größere Verteidigungsmaßnahmen konnten in der Kürze der Zeit, die bis zum Aufmarsch der US-Truppen blieb, nicht mehr in Angriff genommen werden. Und tatsächlich standen sie am Nachmittag des 11. April 1945 wenige Kilometer vor den Toren der Stadt. Tags darauf wurde Magdeburg zur kampflosen Übergabe aufgefordert, was Raegener ablehnte. Die Belagerung der westelbischen Seite der Stadt hatte begonnen, am 15. April war der Ring geschlossen. Am 16. April legten die US-Truppen Magdeburg unter schweren Artilleriebeschuss, und am 17. April fielen stundenlang Bomben aus alliierten Flugzeugen auf die Stadt. Wieder gab es schwere Verwüstungen und viele zivile Opfer. Am 18. April schließlich eroberten die Amerikaner gegen nachlassenden Widerstand das Stadtzentrum und den Befehlsbunker am Nordfriedhof, den Oberbürgermeister Markmann mit einer Rot-Kreuz-Fahne verließ. Zwischen dem 11. und 18. April waren von der Wehrmacht und den SS-Truppen alle Elbebrücken gesprengt worden, um den Amerikanern das weitere Vordringen zu erschweren. Diese deutschen Verbände zogen sich auf die ostelbische Seite zurück und bekriegten von dort aus die auf dem Westufer der Elbe stehenden US-Truppen, während sich die Volkssturmverbände auf der Westseite auflösten.

Schließlich kam durch die am 16. April einsetzende Oderoffensive der Roten Armee die Front von Osten immer näher, so dass Anfang Mai die noch verbliebenen Wehrmachts- und SS-Einheiten auf der Ostseite der Stadt ihre Stellungen aufgaben und in Richtung Norden abzogen, um sich in US-Gefangenschaft zu begeben.

Damit war der II. Weltkrieg für Magdeburg beendet. Allerdings stand nun die Frage im Raum, welche Besatzungsmacht sich am Ende durchsetzen würde. Am 5. Mai 1945 kamen nämlich die ersten russischen Panzer im ostelbischen Teil an. Im Tagebuch einer Magdeburgerin ist zu lesen: »Die Russen stehen mit ihren mit Flieder geschmückten Panzern auf dem Heumarkt ... Um 4 Uhr sollen Verhandlungen zwischen den Russen und den Amis stattfinden. Von heute ab beginnt unser neues Leid; die quälende Ungewissheit, ob wir russisch oder amerikanisch werden. Machtlos stehen wir zwischen Kommunismus und Demokratie. Die Elbe trennt uns vom Westen, dem wir uns viel mehr verbunden fühlen als dem Osten« (zit. nach Wille, S. 16).

Am 18. April hatte US-Kommandant Major Ackermann begonnen, auf der Westseite Magdeburgs eine provisorische Stadtverwaltung aufzubauen, die sich in der zerstörten Stadt zunächst um die wichtigsten Infrastrukturmaßnahmen und die

Ernährung der Bevölkerung kümmern sollte. Am 5. Juni lösten die Briten im Westteil der Stadt die Amerikaner ab. Nachdem in diesen Tagen die auf der Konferenz von Jalta beschlossene Aufteilung Deutschlands in Besatzungszonen bekannt geworden war, wurde der Bevölkerung Magdeburgs klar, dass ihre Stadt – wie die linkselbischen Gebiete der 1944 aufgelösten preußischen Provinz Sachsen – zur sowjetischen Besatzungszone gehören würde. Auch wenn das Lebensgefühl der Magdeburger nach dem Ende des Krieges und der Befreiung von der NS-Schreckensherrschaft wie bei den meisten Deutschen sicher von Erleichterung geprägt war, sahen doch sehr viele von ihnen mit großer Sorge auf die Zukunft ihrer Stadt als Teil der sowjetischen Besatzungszone.

Zum Neubeginn nach dem II. Weltkrieg gehörte auch eine politische Neuordnung auf kommunaler Ebene, die natürlich sehr schnell in den Sog der sich schon bald abzeichnenden Zugehörigkeit zum sowjetischen Machtbereich geriet. Zudem brach nun schärfer als in früheren Zeiten in der ehemaligen preußischen Provinz Sachsen der Dualismus zwischen Magdeburg und Halle aus.

Neubeginn 1945–1949

Vom 1. Juli 1945 an stand Magdeburg unter der Sowjetischen Militäradministration (SMAD), die sehr schnell die noch intakten Gebäude in den bevorzugten Lagen der Stadt besetzte. »Nach anfänglicher Demontage der Groß- und Mittelbetriebe entstanden ab 1946 sowjetische Aktiengesellschaften (SAG), wobei Belegschaft und Produktion rasch anstiegen. Die Besatzungsmacht konfiszierte acht Jahre deren Betriebsergebnisse als Reparationen, bevor die Unternehmen ›Volkseigentum‹ wurden« (Grünwald/Kärgling, S. 305).

Die politische Unterstützung sicherte sich die SMAD durch die Zwangsvereinigung von SPD und KPD zur Sozialistischen Einheitspartei Deutschlands (SED), vollzogen auf dem Vereinigungsparteitag am 22. April 1946. Oberbürgermeister wurde für kurze Zeit Otto Baer, Anfang 1946 folgte Rudolf Eberhard,

**BRAND IM BERGWERK UND SAMMLUNGSVERLUSTE
DER MUSEEN**

Am Ende des II. Weltkriegs traf die Stadt Magdeburg nach dem verheerenden Luftangriff noch ein weiterer herber Verlust: 1942 waren die Sammlungsteile der Magdeburger Museen, die man als die wertvollsten erachtete, ca. 40 km südlich von Magdeburg im Salzbergwerk Neustaßfurt in 460 m Tiefe zum Schutz vor Fliegerangriffen eingelagert worden. Neben 400 Gemälden des Kaiser-Friedrich-Museums waren dort untergebracht: »Kunstgewerbliche Objekte aus Porzellan, Zinn oder Silber, historische Sachzeugnisse, Urkunden wie der Adelsbrief für Otto von Guericke von 1666, tausende von Druckgrafiken und Handzeichnungen, die numismatische Sammlung mit über 20.000 Münzen und Medaillen sowie die Objekte des Museums für Naturkunde samt Tierskeletten und den 7000 Präparaten der in Fachkreisen weltweit berühmten Molchsammlung des Museumskustos Willy Woltersdorff« (v. Elsner, S. 160). Diese Einlagerungen wurden vom Direktor des Kaiser-Friedrich-Museums Walther Greischel vorgenommen, der auf Anordnung des Oberbürgermeisters Markmann auch noch den privaten Kunstbesitz von mindestens 200 Magdeburger Familien dort unterbrachte.

Am 11. April 1945 fiel das Salzbergwerk in die Hände der vorrückenden 83. US-Infanterie-Division. 100 Zwangsarbeiter aus Polen und den Niederlanden, die dort arbeiteten, wurden befreit. Wenige Tage später brach ein Feuer aus, das die brennbaren Teile dieser Kunst- und naturwissenschaftlichen Sammlungen völlig zerstörte. Auf nicht ganz nachvollziehbaren Wegen sind drei Handschriften Luthers dem Feuer entronnen. Als zweifellos größten Verlust muss man den Untergang der Sammlung erstklassiger Gemälde des Kaiser-Friedrich-Museums bezeichnen, in der sich Werke van Goghs, Cezannes, Corinths, Liebermanns, Spitzwegs und Böcklins befanden.

Bis heute ist das Rätsel um diese angeblich komplett verbrannte Gemäldesammlung nicht ganz gelöst. Immer wieder gibt es Meldungen, das eine oder andere Bild sei irgendwo auf der Welt aufgetaucht. Bisher hat sich jedoch keine von ihnen bestätigt.

beides Sozialdemokraten. Die Ein- und die Absetzung erfolgte durch die SMAD.

Magdeburgs über alle Jahrhunderte mal mehr, mal weniger wirksame Hauptstadt- und Metropolfunktion ging unmittelbar nach dem Krieg für mehrere Jahre verloren. Die ansässige Provinzialverwaltung wechselte wegen der starken Zerstörung der Stadt in das fast unversehrte Halle. Als am 21. Juli 1947 anstelle der Provinz Sachsen das Land Sachsen-Anhalt gegründet wurde, erhielt Halle den Zuschlag als Landeshauptstadt. Wie Mitte der 20er-Jahre war der Streit zwischen den beiden Städten um den Vorrang in der Region entbrannt.

Die neu ernannte Landeshauptstadt betrieb eine intensive Zentralisierungspolitik, die Jahrzehnte später als Argument von Magdeburg wieder aufgegriffen wurde, als es 1990 um die Hauptstadtfrage im wieder entstandenen Bundesland Sachsen-Anhalt ging. Weit trugen die Pläne für Halle jedoch nicht, da die DDR 1952 die Länder als Verwaltungseinheiten auflöste, um den Staat nach sowjetischem Vorbild zu strukturieren. Um eine bessere Kontrolle über die Bevölkerung und einen stärkeren Zentralismus zu erreichen, unterteilte man die DDR in 14 Bezirke. So wurde schon wenige Jahre nach seiner Gründung das Land Sachsen-Anhalt in den Bezirk Magdeburg und den Bezirk Halle aufgeteilt.

Die Aufgaben jedoch, die im Nachkriegs-Magdeburg an erster Stelle standen, waren die Enttrümmerung der Stadt und der Wiederaufbau der Innenstadt. Die Arbeiten begannen bereits unmittelbar nach der Besetzung durch alliierte Truppen – im Westteil der Stadt am 20. April 1945, im sowjetisch besetzten Ostteil am 9. Mai. Die Bevölkerung hatte diese Aufgabe auch in sonntäglicher Pflichtarbeit im Wesentlichen zunächst selbst zu stemmen. Die Straßen mussten vom Schutt befreit und alles noch einsetzbare Material gerettet werden.

Schon bald nach Kriegsende wurde auch der Aufbau der Innenstadt in Angriff genommen. Im Januar 1946 wurde ein Wettbewerb zur Neugestaltung ausgelobt. 97 Entwürfe aus ganz Deutschland gingen in Magdeburg ein. Sie reichten von einer Wiederherstellung der Stadtstruktur vor der Zerstörung bis zu einem konsequenten Neuaufbau in rechteckiger Quartierbildung. Den ersten Preis gewann ein Entwurf, der zwischen den Extremen die Mitte traf. Dieser und weitere prämierte Entwürfe wurden in der Ausstellung »Magdeburg lebt!« im Kulturhistorischen Museum 1947 gezeigt und damit die öffentliche Diskussion zur Neubebauung der Innenstadt eröffnet.

1949 folgte ein neuer Wettbewerb für den Kernbereich der Innenstadt zwischen Domplatz und Johanniskirche. 60 Entwürfe gingen ein, zwei zweite Preise wurden vergeben. Parallel zu diesen Überlegungen wurden die Instandsetzungsarbeiten an den für die städtische Infrastruktur wichtigsten Gebäuden in der Stadt durchgeführt. 1950 lag ein entscheidungsreifer Aufbauplan für die Magdeburger Innenstadt auf dem Tisch, mit dem sich die Stadtverordnetenversammlung in zwei Sitzungen befasste. Danach wurde der Stadt das Heft des Handelns weitgehend aus der Hand genommen.

Die politische Umgestaltung unter dem Einfluss der SMAD hin zu einem sozialistischen Staat wurde auch in Magdeburg rigide umgesetzt. Die politisch missliebigen sozialdemokratischen Oberbürgermeister Baer und Eberhard wurden Anfang 1946 bzw. 1950 ihrer Ämter enthoben und inhaftiert. Die Stadtverwaltung wurde bis 1950 systematisch umstrukturiert. Rund 1000 ihrer Mitarbeiter wurden Ende 1945 im Rahmen der Entnazifizierung entlassen. In den folgenden Jahren schritt die Stalinisierung voran. 1948/49 wurden fast 300 Mitarbeiter entlassen, weil sie sich als »feindliche Agenten«, »Schumacher-Söldlinge« und »reaktionäre Kräfte« dem kommunistischen System angeblich widersetzten. »Die relativ konsequent durchgeführte Entnazifizierung war schleichend hinübergeglitten in die politische Repression einer sich zunehmend stalinisierenden kommunistischen Diktatur« (Schmiechen-Ackermann, S. 819).

Der Druck auf Eberhard hatte vor seiner Amtsenthebung immer mehr zugenommen, selbst Walter Ulbricht hatte sich eingeschaltet und seine Ablösung gefordert. Man warf ihm vor, er habe sich in der Stadtverwaltung mit »staatsfeindlichen, reaktionären Elementen« umgeben (zit. nach Schmiechen-Ackermann). Schließlich wurde er am 2. Juli 1950 zusammen mit 13 weiteren Stadträten und höheren Angestellten

Breiter Weg vor der Zerstörung 1945 und nach dem Wiederaufbau, undatiert

verhaftet und 1952 wegen »Wirtschaftsvergehen« zu fünf Jahren Zuchthaus verurteilt. 1958 konnte er in die Bundesrepublik Deutschland fliehen. Der Leiter der Kaderabteilung beim Zentralkomitee der SED Philipp Daub wurde als Oberbürgermeister eingesetzt. Damit war die Umstrukturierung der Magde-

WIEDERAUFBAU DER INNENSTAND AB 1951
Am 1. Mai 1951 begann mit der Grundsteinlegung im mittleren Abschnitt des Breiten Wegs der Wiederaufbau der Innenstadt. Nach sowjetischem Vorbild wurde sie nun konsequent den Bedürfnissen der Volkswirtschaft der DDR entsprechend als Stadt des Schwermaschinenbaus errichtet. »Ein bitterer Preis musste bei der nun gewandelten Auffassung vom Städtebau gezahlt werden. Aus dem Vergleich der Aufbauphase der 40er/50er und späterer Jahre ist deutlich erkennbar, wie sich die traditionelle Räumlichkeit der Stadt doch aufgelöst hat, wie die Folgen von Straßen- und Platzräumen die ganze frühere Maßstäblichkeit der Stadt zugunsten einer unmaßstäblichen und letzten Endes dem Menschen unangemessenen, ›unmagdeburgischen‹ diffusen Weiträumigkeit gewichen ist« (Jakobs, S. 362). Fünf mittelalterliche, doppeltürmige Kirchen mussten in den kommenden Jahren dieser Stadtplanung weichen: Ulrichs-, Jakobs-, Katharinen-, Heiliggeist- und Nicolaikirche.
Mit der Entwicklung der in industrieller Fertigbauweise hergestellten Großplattenbauten, die den eklatanten Wohnungsmangel in der DDR beseitigen sollten, wurde Magdeburg v. a. seit Anfang der 70er-Jahre immer mehr zu einer Stadt, in der die »Platte« städtebaulich dominierte.

burger Stadtverwaltung vollendet. An allen wichtigen Stellen saßen nun der SED genehme Personen.

Am 7. Oktober 1949 war der zwischenstaatliche Zustand der sowjetischen Besatzungszone durch die Gründung der DDR beendet worden. »Im Aufbaugesetz vom 6. September 1950 übernahm die Regierung der DDR für fünf herausgehobene Städte, darunter Magdeburg als besonders stark zerstörte Großstadt und wichtiges Industriezentrum, eine gesamtstaatliche Verpflichtung« (Asmus, S. 265). Diese Maßnahme hatte nicht nur eine erhebliche finanzielle Förderung Magdeburgs zur Folge, sondern auch die Übernahme der Entscheidungsgewalt über die Form des Wiederaufbaus durch das Bauministerium der DDR. Der Aufbauplan von 1950 wurde abgelehnt, weil er »nicht in allen Punkten den mit dem Aufbaugesetz verbundenen ›16 Grundsätzen des Städtebaus‹ entsprach« (Asmus, Bd. 4. S. 265).

Der Volksaufstand am 17. Juni 1953

Im Juli 1952 verkündete die SED auf ihrer zweiten Parteikonferenz, »dass nunmehr der Sozialismus planmäßig und nach sowjetischem Muster aufgebaut werde« (Schmiechen-Ackermann, S. 822). Die schon begonnene Transformation der DDR hin zu einer SED-Diktatur, die alle wirtschaftlichen und politischen Bereiche erfassen sollte, wurde damit forciert. Diese Entwicklung stieß bei Teilen der Bevölkerung auf Unverständnis und Ablehnung, zumal sich in der jungen Bundesrepublik im dort entstandenen demokratisch-pluralistischen, marktwirtschaftlichen System erste Erfolge einstellten und die Vorboten des »Wirtschaftswunders« spürbar waren.

Schon ein Jahr später sah sich die Führung der SED gezwungen, unpopuläre Beschlüsse zu fassen, die für erhebliche Unruhe in der Bevölkerung sorgten. Im April 1953 wurden Preissteigerungen für Lebensmittel, Textilien und Schuhe beschlossen, Ende Mai vom Ministerrat die Arbeitsnormen in den volkseigenen Betrieben um 10 % angehoben. Die Umsetzung dieser Beschlüsse hätte die wirtschaftliche Lage der meisten arbeitenden Menschen in der DDR, die ohnehin schwierig war, und deren Arbeitsbedingungen erheblich verschärft. Die Stimmung in der Gesellschaft der DDR wurde entsprechend immer aufgeheizter, und auch eine Teilrücknahme der Beschlüsse konnte die aufgebrachten Menschen nicht mehr beruhigen. Am 16. Juni 1953 legten etwa 300 Arbeiter auf den Baustellen der Stalinallee in Berlin die Arbeit nieder. Am darauffolgenden Tag kam es in über 700 Städten und Ortschaften der DDR zu Demonstrationen und Arbeitsniederlegungen. Der Bauarbeiterstreik weitete sich zu einem Volksaufstand aus.

In Magdeburg brach der Aufstand mit Streiks der Arbeiter im Ernst Thälmann-Werk, ehemals Krupp-Gruson-Werk, um 7.30 Uhr los. Unter der Losung »Magdeburg folgt den Berlinern« (zit. nach Schmiechen-Ackermann, S. 825) wuchs die zunächst nur gegen die Normerhöhungen gerichtete Protestbewegung an. Gegen 11 Uhr formierte sich ein Zug aus etwa 15.000 Menschen, der unter dem Ruf »Legt eure Arbeit nieder – nieder mit der Regierung« (zit. nach Stephan, S. 316) Richtung Innenstadt mar-

DDR im Aufbau, Broschüre 1952

schierte, sich mit anderen Demonstrationszügen vereinigte und mehrere öffentliche Gebäude besetzte. Etwas später kam es zu einem Sturm auf die Gefängnisse der Stadt, um politisch Inhaftierte zu befreien. Dabei ereignete sich vor der Haftanstalt Sudenburg ein Schusswechsel zwischen den Demonstranten und Volkspolizisten, in dessen Folge drei Demonstranten sowie ein Mitarbeiter des Ministeriums für Staatssicherheit starben und zahlreiche Demonstranten verletzt wurden. Um 12.30 Uhr wurde der Aufstand mit Hilfe sowjetischer Panzer erstickt, um 14.00 Uhr der Ausnahmezustand über die Stadt verhängt. Nachdem am Folgetag Demonstrationen durch die sowjetische Militärpräsenz sofort unterbunden wurden, brach der Volksaufstand in allen Teilen der DDR an diesem Tag in sich zusammen.

Die an den Aufständen beteiligten Magdeburger Alfred Dartsch und Herbert Stauch wurden noch am 18. Juni von einem sowjetischen Sondermilitärtribunal zum Tode verurteilt, ebenso einige Monate später Ernst Jennrich durch das Bezirksgericht Magdeburg. Die Urteile wurden vollstreckt.

»Die Ereignisse des 18. Juni, das schnelle Zusammenbrechen des Streiks in den Betrieben Magdeburgs, in denen am

Vortag der Ursprung der Protestbewegung der Bevölkerung war, verdeutlichen ..., daß der 17. Juni 1953 keine geplante Provokation, sondern ein aus der Not geborenes spontanes Aufbegehren gegen die Politik in der DDR war« (Grünwald, S. 64). Es handelte sich bei dem Volksaufstand eben nicht um einen von außen gesteuerten »faschistischen Putsch« (zit. nach Schmiechen-Ackermann, S. 828), wie die SED glauben machen wollte.

Magdeburg zählte zu dem Kreis der Städte, in denen der Volksaufstand eine besondere Stärke erreicht hatte. Neben Berlin gehörten zu den weiteren Brennpunktstädten Halle, Bitterfeld, Jena, Gera, Görlitz und Leipzig, was v. a. mit der ausgeprägten Industriestruktur in diesen Orten zusammenhing.

Wirtschaftliche Entwicklung der Stadt

Der wirtschaftliche Start nach dem II. Weltkrieg war für die Magdeburger Betriebe wie die in der gesamten gerade entstehenden DDR schwierig, wobei der Zerstörungsgrad der Industrieanlagen mit 40 % hier deutlich über dem ostdeutschen Durchschnitt von 15 % lag. Hinzu kamen bis Ende 1953 hohe Reparationszahlungen an die Sowjetunion sowie Demontagen von noch erhaltenen Industrieanlagen, die ebenfalls als Reparationsleistungen in die Sowjetunion gingen und erst Anfang 1948 eingestellt wurden. 1946 waren die Großbetriebe der Schwerindustrie durch Befehl der SMAD zu Sowjetischen Aktiengesellschaften (SAG) umgewandelt worden. 1953 schließlich wurden sie zu Volkseigenen Betrieben (VEB) der DDR erklärt und mit neuen Namen versehen. So wurden aus dem Krupp-Gruson-Werk das Schwermaschinenkombinat »Ernst Thälmann« (SKET), aus der Maschinenfabrik Buckau R. Wolf AG das Schwermaschinenkombinat »Karl Liebknecht« (SKL), und Schäffer & Budenberg sowie die Armaturen- und Patronenfabrik Polte firmierten unter dem VEB Magdeburger Armaturenwerke (MAW), mit dem Namen »Karl Marx« versehen. »Einzelne verbliebene Privatunternehmen wurden 1972 zwangsweise verstaatlicht und zumindest teilweise ebenfalls in die Kombinatsstruktur eingegliedert. Schließlich existierten mit dem Mess-

Schwermaschinenbaukombinat »Ernst Thälmann« (SKET), um 1985

gerätewerk ›Erich Weinert‹, dem Schwermaschinenkombinat ›Georgij Dimitroff‹ sowie den bereits genannten Werken in Magdeburg fünf Großbetriebe mit jeweils mehr als 5.000 Mitarbeitern. Allein beim SKET arbeiteten in den Jahren vor der Wiedervereinigung über 13.000 Menschen« (Begrich, S. 314).

Die Magdeburger Wirtschaft wies damit eine noch stärkere Monostruktur auf als in früheren Jahren der Industriegeschichte der Stadt und produzierte nahezu ausschließlich für die Staaten des Ostblocks. Der Zugang zum Weltmarkt war durch den Mauerbau am 13. August 1961 endgültig versperrt, von einigen sozialistischen Ländern außerhalb Europas abgesehen. Damit waren die großen Schwermaschinenkombinate lediglich dem Wettbewerb im sozialistischen Wirtschaftsraum ausgesetzt, in den sie, allen voran das SKET, in erheblichem Umfang exportierten. Zu Exportschlagern entwickelten sich besonders komplette Walzwerke mit hoher Geschwindigkeit und Verseilmaschinen, die in die Sowjetunion, in die damalige ČSSR, in das ehemalige Jugoslawien, nach Polen, Rumänien, Bulgarien, Ungarn, Indien und in die damalige Vereinigte Arabische Republik exportiert wurden. Auch in die Bundesrepublik Deutschland und nach Österreich gingen Lieferungen. Andere Produkte aus

Magdeburger Produktion wurden in eine Anzahl weiterer Länder weltweit verkauft.

Dennoch gerieten die Unternehmen der Schwerindustrie von den 60er-Jahren an allmählich ins Hintertreffen, was die Konkurrenzfähigkeit auf dem Weltmarkt betraf. Die zentralistische Planwirtschaft der DDR, zu wenige Investitionen in eine moderne Infrastruktur, veraltete Produktionsverhältnisse und am Ende immer weniger nachgefragte Produkte führten zusammen mit anderen Ursachen nach der Wiedervereinigung 1990 zu einem schnellen Kollaps dieses industriellen Kerns Magdeburgs.

Gesellschaftliche Entwicklung

Das sozialistische Gesellschaftsmodell, das nach Gründung der DDR 1949 durch die SED und die sich bildenden Blockparteien konsequent durchgesetzt wurde, hatte gravierende Folgen für die soziale Zusammensetzung der städtischen Bevölkerung. Durch die wirtschaftliche Transformation wurde die absolute Priorität auf den Schwermaschinenbau und volkseigene Betriebe gelegt, Selbstständigkeit dagegen diskriminiert. Es kam auch zu Enteignungen kleinerer Betriebe, 1956 wurde das Handwerk in Produktionsgenossenschaften eingegliedert. Diese und andere Maßnahmen führten dazu, dass v. a. nach dem Mauerbau der Anteil der »Arbeiterklasse« an der Gesamtzahl der Bevölkerung, die sich zur Wende 1989/90 auf rund 280.000 Einwohner belief, auf 80 % anstieg, während die Anzahl von Selbstständigen auf 3,5 % sank. Die Bevölkerungsgruppe, die man in der DDR als »Intelligenz« bezeichnete, machte nicht einmal 10 % der Einwohnerschaft aus. Zum sozialen Leitbild stieg der Facharbeiter auf.

Der Umbau hin zu einer sozialistischen Gesellschaft, der sich schon bald nach Kriegsende angedeutet hatte, führte auch sehr schnell zu einem Abwandern des »Bürgertums« aus Magdeburg. Bis 1961 verließen Tausende die Stadt Richtung Bundesrepublik Deutschland. So flohen allein 1954/55 rund 6.500 Personen aus Magdeburg. Auch die Kulturpolitik wurde im Sinne einer »sozialistischen Kulturrevolution« (zit. nach Seegers, S. 890) staatlich gelenkt. »Damit entstand ein Grundkonflikt, der die Geschichte der DDR in den folgenden Jahrzehnten prägte: Die Diskrepanz zwischen einer ›von oben verordneten‹, aber wenig akzeptierten Kultur und dem Bedarf vieler Menschen nach politisch nicht besetzter Kunst und Unterhaltung« (Seegers, S. 890/91).

Nach dem Krieg waren die Magdeburger kulturell genauso ausgehungert wie überall in Deutschland. Das Stadttheater vor dem Hauptbahnhof war zerbombt und wurde später abgerissen, das Zentraltheater war zwar ebenfalls zerstört, aber die Städtischen Bühnen nahmen am 18. August 1945 in verschiedenen Ersatzspielstätten den Spielbetrieb wieder auf. Das Zentraltheater wurde aufwendig wiederaufgebaut und als Maxim-Gorki-Theater am 20. Dezember 1950 wieder eröffnet. Das Kaiser-Friedrich-Museum hatte einen Bombentreffer an der Nordseite abbekommen, konnte aber noch Ausstellungen zeigen. Es wurde ebenfalls umbenannt und erhielt den Namen Kulturhistorisches Museum. 1959/60 wurde es umfangreich saniert und der Kriegsschaden behoben. Die Kunstgewerbeschule wurde in eine Fachschule für angewandte Kunst umgewandelt, 1963 auf Beschluss der DDR-Regierung jedoch geschlossen, womit eine 170-jährige Tradition endete. Die Begründung lautete, dass die Wirtschaft keinen Bedarf an Absolventen künstlerischer Fachschulen habe.

Als Zugewinn konnte Magdeburg dagegen die Einrichtung der Nationalen Sammlung Kleinplastik der DDR im wiederaufgebauten Kloster Unser Lieben Frauen 1976 verbuchen, die 1989 zur Nationalen Sammlung Plastik der DDR aufgewertet wurde. Den historischen Ansatzpunkt für diese Museumsgründung fand man in der hochmittelalterlichen Bronzegießhütte, die Werke von europäischem Format hervorgebracht hatte, sowie in den herausragenden Skulpturen der hochmittelalterlichen Bildhauerkunst im Dom und im Magdeburger Reiter. Künstler wie die Bildhauer Heinrich Apel, Eberhard und Wolfgang Roßdeutscher oder die Glasgestalter Reginald Richter und Otfried Wilhelm schufen noch heute beachtete Kunstwerke im öffentlichen Raum nicht nur in Magdeburg. 1962 wurden die

Telemann-Festtage etabliert, um daran zu erinnern, dass einer der größten Barockkomponisten Europas in Magdeburg geboren wurde. 1958 gründete sich das Puppentheater, das 1962 zum »Städtischen Puppentheater« wurde. Diese Kunstform kann in Magdeburg auf eine bis ins 18. Jh. zurückgehende Tradition verweisen, die durch Xaver Schichtl, der 1920 hier sesshaft wurde, und Jutta Balk, die sich nach 1945 für das Puppenspiel in Magdeburg einsetzte, eine Wiederbelebung erfuhr.

Um Kultur für die »Werktätigen« und die Bevölkerung im Ganzen kümmerten sich die Massenorganisationen wie die Freie Deutsche Jugend (FDJ) oder der Kulturbund, der 1945 bereits gegründet wurde und für viele Vereine den organisatorischen Rahmen stellte. Auch die großen Industriekombinate verfügten über Kulturprogramme oder sogar feste Kulturhäuser wie das AMO, das noch heute einen Ort für kulturelle Veranstaltungen darstellt, allerdings organisatorisch inzwischen längst dem städtischen Hallen- und Messeverbund (MVGM) zugeordnet ist.

Ab 1959 wurde der »Bitterfelder Weg« entwickelt, ein programmatischer Ansatz, der den »Werktätigen« verstärkt einen Zugang zu Kunst und Kultur vermitteln und die »Bildung des sozialistischen Bewusstseins« und der »sozialistischen Persönlichkeit« fördern sollte. Allerdings ging das Konzept aus verschiedenen Gründen nicht auf, so dass der Bitterfelder Weg ab Mitte der 60er-Jahre an Bedeutung wieder verlor. Fast zur selben Zeit entstanden die »Arbeiterfestspiele«, die ab 1959 in der DDR zunächst jährlich, später alle zwei Jahre durchgeführt wurden. Sie dauerten eine Woche, wurden von allen Massenorganisationen der DDR – wie etwa der Nationalen Front und dem Freien Deutschen Gewerkschaftsbund (FDGB) – getragen und sollten die »kulturschöpferischen Kräfte der Arbeiterklasse« herausstellen. Sie fanden in immer unterschiedlichen Städten statt; Magdeburg war 1961 und 1986 Gastgeber.

Im Bereich »Sport« erhielt die Stadt ab 1952/54 eine zielgerichtete Förderung, die den Gewinn möglichst vieler internationaler Meisterschaften zur Folge haben sollte. Hier wurden der Wassersport, Boxen, Handball, Fußball und Leichtathletik schwerpunktmäßig gefördert. 1965 wurde der 1. FC Magdeburg als Fußballsparte aus dem SC Magdeburg herausgelöst, und dies mit großem Erfolg: Bis auf eine Saison spielte der Club in der Oberliga, der höchsten Spielklasse der DDR, und wurde dreimal Meister und siebenmal Pokalsieger. Als einzige Mannschaft der DDR gewann der 1. FCM einen Europapokal, nämlich den der Pokalsieger. 1974 schlug die Mannschaft im Endspiel in Rotterdam den AC Mailand mit 2 : 0.

1953 wurde Magdeburg erstmalig in seiner Geschichte Hochschulstandort. Am 1. September wurde die Hochschule für Schwermaschinenbau gegründet, die sich später zur Technischen Hochschule und schließlich Technischen Universität entwickelte. Kurze Zeit später entstand die Medizinische Akademie, 1972 die Pädagogische Hochschule »Erich Weinert«. Der sich 1955 innerhalb des Deutschen Kulturbundes (ab 1974 Kulturbund der DDR) gründende »Klub der Intelligenz« durch Professoren der Hochschule wurde zu einem geistigen Zentrum und einer Begegnungsstätte von Wissenschaftlern und Intellektuellen der Stadt.

Die Absetzung Walter Ulbrichts als Erster Sekretär des Zentralkomitees der SED am 3. Mai 1971 ließ die Hoffnung in der Bevölkerung der DDR aufkommen, dass sich das System unter seinem Nachfolger Erich Honecker liberalisieren und lockern würde. Tatsächlich wurde es toleranter gegenüber der sich seit Ende der 60er-Jahre entwickelnden Jugendkultur. »Westfernsehen« zu sehen wurde beispielsweise nicht mehr unter Strafe gestellt. Aber trotz großer Zielvorgaben, die »weitere Erhöhung des materiellen und kulturellen Lebensniveaus des Volkes« (zit. nach Schmiechen-Ackermann, S. 841) zu erreichen, hielt die Mangelwirtschaft an, die wirtschaftliche »Scheinblüte« wurde im Wesentlichen durch Kredite finanziert. Zugleich wurde der Überwachungsstaat weiter ausgebaut. »In der Ära Honecker verdoppelte sich der Apparat der Staatssicherheit DDR-weit auf rund 91.000 hauptamtliche Mitarbeiter, und allein zwischen 1968 und 1975 stieg die Zahl der Inoffiziellen Mitarbeiter von rund 100.000 auf 180.000 an« (Schmiechen-Ackermann, S. 842).

Der Bezirk Magdeburg wurde wahrscheinlich wegen der Grenznähe zur Bundesrepublik und der Transitautobahn Hannover–Berlin besonders streng überwacht. Das seit 1950 existierende Ministerium für Staatssicherheit (MFS), das sich als »Schild und Schwert« der SED sah, bildete ab 1952 Bezirksverwaltungen aus. So besaß auch die Bezirksstadt Magdeburg eine Bezirksverwaltung des MFS, die Ende der 80er-Jahre 3.600 hauptamtliche und 13.000 Inoffizielle Mitarbeiter beschäftigte. Alle Bereiche des öffentlichen und des privaten Lebens wurden überwacht.

Der Stasi-Gebäudekomplex am Moritzplatz besaß von 1945 bis 1989 die Funktion einer Untersuchungshaftanstalt für politische Gefangene. Mehr als 10.000 Menschen wurden hier zwischen 1945 und 1989 Opfer politischer Verfolgung. Am 5./6. Dezember 1989 besetzten das Bürgerkomitee und das Neue Forum das Stasigebäude, am 12. Dezember stellte die Bezirksverwaltung des MFS in Magdeburg ihre Tätigkeit ein. Seit 1990 ist dieser Ort Gedenkstätte.

Friedliche Revolution im Herbst 1989

»Die Wurzeln der Opposition gegen das Regime gründen tief; sie kamen Ende der 80er-Jahre nur immer offener zum Ausdruck« (Quast, S 326). In den 1980er-Jahren kam in der DDR immer stärker die Forderung auf nach Verwirklichung der Grundrechte wie Meinungs- und Pressefreiheit, die in der auch von der DDR unterschriebenen Schlussakte von Helsinki enthalten sind. Zudem regte sich v. a. in kirchlichen Kreisen Widerstand gegen die sich verstärkende Militarisierung der DDR-Gesellschaft, nachdem an Schulen 1978 das Fach Wehrerziehung eingeführt worden war. 1985 bildete sich in Magdeburg ein Friedensarbeitskreis in der evangelischen Martinsgemeinde unter der Leitung von Pfarrer Reiner Bohley.

Aus Sicht der Stasi gab es in den 80er-Jahren acht Oppositionsgruppen im Bezirk Magdeburg, vier davon in der Stadt selbst, die das Ziel der »Aufweichung, Zersetzung und Beseitigung des Sozialismus« verfolgten (zit. nach Münchow, S. 409). Im Dom traf man sich wöchentlich zu Friedensgebeten, zu denen gesellschaftliche Randgruppen wie die Punker und in den Jahren 1988/89 auch zunehmend Ausreisewillige stießen. Als sich im Sommer 1989 die politische und gesellschaftliche Situation der DDR aufgrund ihrer internationalen Isolierung auch innerhalb des sich allmählich auflösenden Ostblocks und der sich weiter verschlechternden wirtschaftlichen Lage zuspitzte, wurde insbesondere die evangelische Kirche immer mehr zum Diskussionsforum der kritischen Auseinandersetzung mit der aktuellen Situation. In den Magdeburger Dom strömten Woche für Woche mehr Menschen.

Am 9. September 1989 gründete sich in Berlin das »Neue Forum«, um der sich entwickelnden systemkritischen Diskussion eine öffentliche Stimme zu verleihen. Unter den 30 Erstunterzeichnern des Aufrufs »Die Zeit ist reif – Aufbruch 89« befand sich auch der Magdeburger Pfarrer Hans-Jochen Tschiche. Die Diskussionen in der evangelischen Kirche führten am 14. September 1989 zu der Entscheidung, Montagsgebete durchzuführen und auf eine grundlegende Reform des politischen Systems der DDR hinzuwirken.

Am 17. September wurde auf dem Mauritiusfest der Domgemeinde öffentlich zur Unterschriftensammlung für das »Neue Forum« aufgerufen. Einen Tag später fand das erste Montagsgebet im Magdeburger Dom vor 130 Menschen statt, in dem für die »gesellschaftliche Erneuerung« gebetet wurde. In den folgenden vier Wochen stieg die Zahl auf über 10.000 Teilnehmer. Die wöchentlichen Zusammenkünfte bestanden aus Gebet, offener Diskussion und Vorstellung der »neuen oppositionellen Initiativen« (Quast, S. 326). Diese Aktivitäten wurden von der Stasi aufmerksam beobachtet und unterwandert, ohne an der nun einsetzenden revolutionären Dynamik Entscheidendes ändern zu können.

Die drei evangelischen Geistlichen, die in diesen dramatischen Wochen eine herausragende Rolle dabei spielten, dieser enormen gesellschaftlichen Bewegung Stimme und Raum zu verleihen und gleichzeitig gewalttätige Eskalationen zu vermeiden, waren neben Pfarrer Tschiche die beiden Domprediger Waltraud Zachhuber und Giselher Quast. »Gemäß der Aussage von Pastorin Zachhuber war der 9. Oktober 1989 der entscheidende Tag der friedlichen Revolution in Magdeburg gewesen« (Münchow, S. 414). Hier wie auch in anderen Städten der DDR waren an diesem Tag wieder Montagsgebete vorgesehen, gegen

»Wir sind das Volk«: Demonstration auf dem Domplatz Magdeburg, Herbst 1989, Ölgemälde von Rolf Albrecht, 1990

die von Seiten der Sicherheitsorgane der DDR wesentlich massiver vorgegangen wurde als zuvor. So wuchs überall in der DDR die Spannung, weil die Frage nach der gewaltsamen Niederschlagung der Revolution im Raum stand. In Leipzig demonstrierten an diesem Tag über 70.000 Menschen, vor denen die DDR-Regierung am Ende kapitulierte, statt die zusammengezogenen Sicherheitskräfte auf die Demonstranten schießen zu lassen. Damit war für viele DDR-Bürger klar, dass sie sich ohne Gefahr für Leib und Leben an der Widerstandsbewegung beteiligen konnten. »Seitdem gab es kein Halten mehr. Am 23. Oktober fand die erste Großdemonstration auf dem Innenstadtring von Magdeburg statt, am 4. November die Großkundgebung der Kulturschaffenden auf dem Domplatz, am 6. November das Bürgerforum mit 60.000 bis 80.000 Teilnehmern auf dem Alten Markt, nach der der Oberbürgermeister von seinem Amt zurücktrat« (Quast, S. 326). Staats- und Parteichef Erich Honecker musste am 18. Oktober ebenfalls den Hut nehmen.

Am 9. November 1989 fiel die Mauer. Damit war das DDR-System endgültig nicht mehr zu halten. Aus der Parole »Wir sind das Volk« wurde bis zum Jahresende »Wir sind ein Volk«.

Als Landeshauptstadt ins neue Jahrtausend

Wiedervereinigung am 3. Oktober 1990 – Magdeburg wird Landeshauptstadt

Das nach der erfolgreichen Revolution bestehende Machtvakuum wurde durch die erste freie Volkskammerwahl am 18. März 1990 beseitigt. Die sich nun bildende Regierung unter Lothar de Maizière verstand ihre Rolle sehr schnell v. a. darin, einen geordneten Übergang und die Wiedervereinigung mit der Bundesrepublik zu organisieren, die mit dem Zehnpunkteplan des Bundeskanzlers Helmut Kohl ihren Willen zur Einheit schon am 28. November 1989 deutlich bekundet hatte.

Am 22. Juli 1990 beschloss die Volkskammer, mit dem Ländereinführungsgesetz die 14 DDR-Bezirke aufzulösen und den fünf neu zu gründenden Bundesländern (ohne Ost-Berlin) zuzuordnen. So entstanden Sachsen-Anhalt, Sachsen, Thüringen, Brandenburg und Mecklenburg-Vorpommern.

Am 6. Mai 1990 fanden die ersten freien Kommunalwahlen in der noch immer existierenden DDR statt. In der Stadtverordnetenversammlung war die SPD stärkste Fraktion geworden. Am 31. Mai 1990 wurde Dr. Willi Polte zum Oberbürgermeister gewählt. Die für den ersten Magistrat nach der Wende wichtigste Aufgabe war es, bei der sich abzeichnenden neuen Länderstruktur der bald untergehenden DDR Magdeburg zur Landeshauptstadt Sachsen-Anhalts zu machen. Dabei argumentierte man aus der Geschichte heraus und führte die Zeit als Hauptstadt der preußischen Provinz Sachsen von 1815 bis 1945 ins Feld, wohingegen Magdeburgs schärfster Konkurrent Halle nur auf die Jahre von 1947 bis 1952 als Landeshauptstadt von Sachsen-Anhalt verweisen konnte.

Im nun einsetzenden und von den Medien stark begleiteten Kampf der beiden Städte erwies sich Polte als äußerst geschickter Wahlkämpfer und entschlossener Vertreter der Stadt und war am Ende erfolgreicher als sein berühmter Vorgänger Otto von Guericke, der es knapp 350 Jahre zuvor trotz allen Bemühens nicht geschafft hatte, den Aufstieg zur Reichsstadt zu erreichen, was aber mit Sicherheit ein noch schwierigeres Unterfangen war.

Am 28. Oktober 1990 wurde Magdeburg in der konstituierenden Sitzung des Landtags in Dessau mit einer Mehrheit von acht Stimmen zur Landeshauptstadt gewählt. Damit knüpfte es in seiner zentralörtlichen Bedeutung nicht nur an die Zeit als Provinzhauptstadt an, sondern auch an noch prominentere Rollen v. a. im Mittelalter, die der Stadt über Jahrhunderte eine noch wesentlich größere Bedeutung auch in europäischen Dimensionen verliehen hatten. Am 3. Oktober 1990 war die Wiedervereinigung der beiden deutschen Staaten Wirklichkeit geworden. Mit der Länderstruktur und dem vereinten Deutschland stand nun ein stabiles politisches Fundament im Kontext der europäischen Einigungsbewegung. Magdeburgs politische Rolle im Konzert der 16 Bundesländer war mit seiner Funktion als Landeshauptstadt definiert.

Aber wie würde der nun anstehende Erneuerungs- und Transformationsprozess ohne starke wirtschaftliche und soziale Verwerfungen gestaltet werden können? Der städtebauliche Befund stellte zudem eine große Herausforderung dar. Die noch vorhandene Altbausubstanz war von Verfall bedroht, die inzwischen in die Jahre gekommenen Plattenbauten, die sich nicht nur am Stadtrand befanden, sondern linear durch die Innenstadt zogen, und die an vielen Stellen der Altstadt vorhandene Großräumigkeit und Leere ließen nur an wenigen Orten urbanes Flair entstehen. »Im Jahre 1990 bot Magdeburg einen zum Teil traurigen Anblick: der neue Grundriß der Innenstadt war unter Außerachtlassen früherer historisch gewachsener Eigentumsverhältnisse entstanden. Hinzu kam der radikale Abriß wiederaufbaufähiger Kirchen sowie stadttypischer Gebäudesubstanz (z. B. Stadttheater) – alles für immer verloren. Eine Realität, die vielfältige Probleme brachte, die nun endlich gelöst werden mußten« (Kaleschky, S. 645). Die andere Frage war, ob die Schwermaschinenkombinate für den Übergang von der Plan- zur Marktwirtschaft gerüstet waren und der Versuch der Bundesregierung auch in Magdeburg gelang, industrielle Kerne in den neuen Bundesländern zu erhalten.

Systemwechsel und gesellschaftliche Transformation

Die Transformationsleistung, die der Bevölkerung Magdeburgs abverlangt wurde, war enorm. Neben dem völligen Umdenken in gesellschaftspolitischer, ökonomischer und sozialer Hinsicht, das der Systembruch vom Sozialismus zur Marktwirtschaft, von der Diktatur der SED zum pluralistischen, offenen System der Bundesrepublik nach sich zog, kamen die bange Frage vieler, ob der eigene Arbeitsplatz erhalten werden könne, und die Angst, dass die enorme Beschleunigung der Stadtentwicklung, die schon nach wenigen Jahren das Stadtbild so verändert hatte, dazu führen werde, dass manch einer sich in seiner gewohnten Umgebung nicht mehr zuhause fühlte.

Bei der nun einsetzenden neuen Stadtplanung war schnell klar, nach welchen Leitlinien man verfahren würde. Diese wurden in einem Strukturplan zur Flächennutzung fixiert. Das Stadtbild, das vor 1945 existierte, war durch die Kriegszerstörung und den Wiederaufbau im Sozialismus unrettbar verloren und konnte nicht mehr teilrekonstruiert werden. Die noch vorhandene historische Altbausubstanz in der Altstadt, aber auch in den umliegenden Stadtteilen musste schnellstmöglich durch Sanierung gerettet werden. Zudem sollten durch Verdichtung der Innenstadt die Urbanität und die Stadtqualität im Allgemeinen verbessert werden.

Von der industriellen Transformation erheblich betroffene Stadtteile wie Buckau wurden in besondere, langfristige Förderkonzepte aufgenommen. In Vierteln wie Neu-Olvenstedt oder Neustädter Feld, die von Plattenbausiedlungen beherrscht wurden, galt es zu verhindern, dass eine massive Ghettobildung einsetzte, da sofort nach der Wende ein erheblicher Auszug aus diesen Plattenbauten stattfand.

Die Stadt verlor in den Jahren nach der Wende insgesamt massiv an Einwohnern. Die Zahl sank von 280.000 am Ende der 80er-Jahre auf unter 230.000 um das Jahr 2000. Zum Teil zogen die Menschen in die alten Bundesländer, zum Teil in den sich schnell bildenden »Speckgürtel« rund um Magdeburg, da es in dieser Zeit preiswerter und einfacher war, im Umland ein Baugrundstück für ein Einfamilienhaus zu erwer-

Saniertes Gebäude im südlichen Stadtzentrum, das im Volksmund »Plättbolzen« genannt wird, um 2015

ben. Inzwischen hat sich dieser Trend umgekehrt. Ansteigende Geburtenzahlen und Zuzüge in die Stadt haben die Einwohnerzahl auf über 240.000 wieder ansteigen lassen.

Die wirtschaftliche Situation der Stadt

Vor der politischen Einheit Deutschlands am 3. Oktober 1990 wurde bereits am 1. Juli in der nur noch wenige Monate existierenden DDR die DM als Zahlungsmittel eingeführt. Der Druck der Bevölkerung war einfach zu groß. Für den exportorientierten Maschinenbau in Magdeburg bedeutete dies jedoch eine schlagartige Verteuerung seiner Produkte. Die planwirtschaftlich festgelegten Produkte, die aus der DDR in das Gebiet des ehemaligen Ostblocks exportiert werden sollten, wurden von heute auf morgen unbezahlbar und fanden keine Abnehmer mehr. Hinzu kam die Auflösung der Sowjetunion Ende 1991. Zudem waren die Maschinenbaufirmen auch in puncto Produktivität für einen schnellen Übergang in die Marktwirtschaft nicht gerüstet.

WANDEL DER INNENSTADT SEIT 1990
Die Steigerung der Attraktivität der Innenstadt setzt v. a. an zwei Punkten an: Zum einen muss die städtebauliche Qualität an der Hauptmagistrale der Stadt, dem Breiten Weg, zwischen Hasselbachplatz im Süden und Universitätsplatz im Norden mit dem anliegenden Alten Markt und dem Domplatz gesteigert werden. Durch den Abriss von Plattenbauten und hochwertige neue Bebauung sowie Kunst im öffentlichen Raum soll dieses Ziel erreicht werden. Dieser städtebauliche Prozess läuft nun seit einigen Jahren. So entstanden an der Westseite des Domplatzes am Breiten Weg die »Grüne Zitadelle«, das letzte vom weltberühmten Künstler Friedensreich Hundertwasser geplante Bauwerk, und der Hauptsitz der Norddeutschen Landesbank für Sachsen-Anhalt.
Zum anderen ging und geht es um eine viel stärkere Anbindung der Stadt an die Elbe. Die Internationale Bauausstellung (IBA) von 2010 hat hier weitere Anregungen für die schon Jahre vorher begonnene flussnahe Bebauung geliefert. Vor allem auf der Westseite der Elbe, also am dem Stadtkern zugewandten Ufer, ist die Altstadt mit einer Vielzahl attraktiver Neubauten sowie Restaurants, Cafés und Plätzen erheblich aufgewertet worden.
Inzwischen ist Magdeburg auch zu einer attraktiven Einkaufsstadt geworden. Neben einem Kaufhaus, das sich im ehemaligen »Centrum Warenhaus« befindet, und vielen Einzelhandelsgeschäften v. a. am Breiten Weg und seinen Nebenstraßen sind zwei große innerstädtische Einkaufszentren entstanden, 1997 das »City Carré« auf dem Bahnhofvorplatz und 1999 das »Allee-Center« auf dem ehemaligen Zentralen Platz am Breiten Weg.

Um die Volkseigenen Betriebe der DDR zu privatisieren und die »Effizienz und Wettbewerbsfähigkeit der Unternehmen zu sichern« (§ 8 Treuhandgesetz) oder gegebenenfalls stillzulegen, wurde noch kurz vor Ende der DDR die Treuhandanstalt gegründet. Der Plan der damaligen Bundesregierung war, möglichst viele industrielle Kerne in Ostdeutschland in eine stabile Zukunft zu führen. Das gelang in anderen Landesteilen, aber nicht in Magdeburg. »Der Wirtschaftseinheit folgten in Magdeburg Monate und Jahre voll Hoffen und Bangen, Anpassungsmühen und Überlebenskämpfen, Protestdemonstrationen,

Landtagsdebatten und ein Treuhand-Untersuchungsausschuss … Die Kombinate und Großbetriebe wurden zerlegt, als überlebensfähig angesehene Teilbetriebe ausgegliedert, was den Untergang beschleunigte und zu einer Massenarbeitslosigkeit führte«(Asmus, Bd. 4, S. 493). Im Juli 1990 waren 3.649 Menschen ohne Beschäftigung registriert, auf dem Höhepunkt der Arbeitslosigkeit 1997 über 25.000. Durch Auffanggesellschaften und Arbeitsbeschaffungsmaßnahmen (ABM) versuchten Treuhandanstalt und Staat, die gröbsten Auswirkungen abzumildern. Die großen, traditionsreichen Schwermaschinenkombinate wurden im Wesentlichen abgewickelt, das SKET, das größte Unternehmen in Magdeburg, ging zum 1. Januar 1997 in die Zwangsvollstreckung. Lediglich ein industrielles Unternehmen, das nicht zu den großen Schwermaschinenkombinaten zählte, das Werk Förderanlagen »7. Oktober«, konnte als »FAM Förderanlagenbau Magdeburg« erfolgreich weitergeführt werden. Insgesamt ging die Zahl der in der lokalen Industrie Beschäftigten in kurzer Zeit um gut 75 % zurück.

Parallel zu diesem schwierigen Anpassungsprozess vollzog sich der Aufbau eines Mittelstandes und von neuen Wirtschaftsunternehmen, der inzwischen als Erfolgsgeschichte anzusehen ist und zusammen mit anderen Faktoren die Arbeitslosenquote mehr als halbiert hat. Windenergie, nachwachsende Rohstoffe und der Bereich der IT-Wirtschaft haben sich als besonders erfolgreiche Unternehmensmodelle herauskristallisiert.

Für den Wirtschaftsstandort Magdeburg spricht weiterhin seine zentrale Lage in Deutschland im Wirtschaftsdreieck zwischen Berlin, Leipzig und Hannover. Autobahnen verbinden die Stadt mit diesen Zentren, die A 14 nach Norden mit Anschlüssen an Schwerin, Rostock und Hamburg befindet sich bereits im Bau.

Die Stadt profitierte weiterhin vom »Verkehrsprojekt 17 Deutsche Einheit«, hinter dem sich das Wasserstraßenkreuz Magdeburg verbirgt, das 2003 feierlich eingeweiht wurde. Die mit 918 m längste Kanalbrücke der Welt verbindet im Norden der Stadt den Mittellandkanal mit dem Elbe-Havel-Kanal über die Elbe hinweg. Damit ist die Wasserstraße für die Binnenschifffahrt zwischen dem Ruhrgebiet, Magdeburg und Berlin

Deindustrialisierung in Magdeburg, Fotografie von Ulrich Wüst, 1998. Zu sehen ist der einsam auf dem Gelände des SKET stehende »Lange Heinrich«, gesprengt 2009

ganzjährig befahrbar, was auch für den Binnenhafen Magdeburg, der zu DDR-Zeiten der größte des Landes war, eine erhebliche Aufwertung mit sich brachte.

Stadt der Wissenschaft

Für Magdeburg als Landeshauptstadt und Standort von Unternehmen mit zukunftsorientierten Unternehmenskonzepten sind schon Anfang der 1990er-Jahre existentiell wichtige und weit in die Zukunft weisende Entscheidungen gefallen. Am 3. Oktober 1993 wurden die Technische Universität, die Medizinische Akademie und die Pädagogische Hochschule zur Otto-von-Guericke-Universität Magdeburg zusammengelegt. Hier werden Ingenieur- und Naturwissenschaften, Medizin sowie Wirtschafts-, Geistes- und Sozialwissenschaften gelehrt.

Seit 1992 besitzt Magdeburg eine Fachhochschule, die 2000 mit der Fachhochschule Altmark zur Hochschule Magdeburg-Stendal fusionierte. Das Institut, das sich auch in der Tradition der ehemaligen Kunstgewerbeschule Magdeburg sieht, bietet ein vielfältiges Studienangebot, das sich den weiterentwickelnden Bedürfnissen von Wirtschaft und Gesellschaft schnell anpasst. Die beiden Hochschulen kommen zusammen auf mehr als 20.000 Studierende. Darüber hinaus ist Magdeburg Standort wichtiger Forschungsinstitute. Genannt seien das Max-Planck-Institut für Dynamik komplexer technischer Systeme, das Fraunhofer Institut für Fabrikbetrieb und -automatisierung, das Leibniz-Institut für Neurobiologie sowie das Helmholtz-Zentrum für Umweltforschung.

Stadt der Kultur

Nach der Wende 1989/90 galt es, die Kulturlandschaft Magdeburgs nicht nur zu erhalten, sondern auch bunter und vielfältiger zu machen. Da es neben der Universitätsbibliothek und dem Landesarchiv keine vom Land Sachsen-Anhalt getragenen Kultureinrichtungen in Magdeburg gab, musste die Stadt diese Kulturlandschaft in eigener Verantwortung entwickeln. Überschattet wurde diese große Aufgabe zunächst vom Brand des Maxim-Gorki-Theaters im Mai 1990, der im Grunde einen Neubau am Universitätsplatz zur Folge hatte und den Kulturetat der Stadt mehrere Jahre erheblich belastete. Im Herbst 1997 konnte das – heute Opernhaus genannte – Theater feierlich wiedereröffnet werden. Heute verfügt Magdeburg in den Sparten Musiktheater, Ballett, Konzert und Schauspiel über zwei Spielstätten: das Opern- und das Schauspielhaus. Internationales Ansehen besitzt das Puppentheater Magdeburg, das nicht nur in seiner Heimstätte spielt, wo sich auch ein Puppentheatermuseum befindet, sondern auch viele Gastspiele in Deutschland und anderen Ländern gibt.

Die Museumslandschaft prägen das Kulturhistorische Museum, in dessen Gebäude sich auch das Museum für Naturkunde befindet, das Kunstmuseum Kloster Unser Lieben Frauen, das einerseits die ehemalige Nationale Sammlung Plastik der DDR besitzt und andererseits Ausstellungen zur Zeitgenössischen Kunst zeigt, das Technikmuseum, das Guericke-Zentrum, das ein Otto-von-Guericke-Museum beinhaltet, ein Zirkus- und ein Frisörmuseum. Die jüngste dieser Einrichtungen stellt das Dommuseum Ottonianum Magdeburg dar, das 2018 eröffnet wurde. Es zeigt anhand neuer und alter Grabungen im Dom und auf dem Vorplatz die Geschichte der ottonischen Familie, des Erzbistums und der Großbauten auf dem Domplatz im Frühen und Hohen Mittelalter.

In den Grusonschen Gewächshäusern befindet sich zudem ein Botanischer Garten, der auf eine Schenkung der Familie Hermann Grusons von 1895 zurückgeht, und das Zentrum für Telemann-Pflege und -Forschung Magdeburg kümmert sich seit 1979 um den berühmten Barockkomponisten und Sohn der Stadt. Sein Sitz befindet sich im Gesellschaftshaus Magdeburg, wo ganzjährig Konzertreihen angeboten werden.

Mehrere freie Theater sowie soziokulturelle Zentren in verschiedenen Stadtteilen komplettieren die Kulturlandschaft Magdeburgs, zu der auch das Forum Gestaltung in den Räumen der ehemaligen Kunstgewerbeschule gehört. Hier ist neben einem Zentrum für Kultur- und Kreativwirtschaft ein Kunst- und Kulturverein entstanden, der sich auch dem Erbe der Kunstgewerbeschule widmet und das Wewerka-Archiv betreut. Als Raum der studentischen Kultur sowie als Begegnungsstätte für Interessierte des städtischen und des akademischen Kulturlebens hat sich zudem die Kulturfestung Mark in einer der Defensionskasernen etabliert.

Stadtarchiv, Stadtbibliothek und die Musikschule »Konservatorium Georg Philipp Telemann« runden das kulturelle Angebot ab. Magdeburg verfügt über mehrere große Hallen, in denen Kultur- und Sportveranstaltungen stattfinden. Die wiederaufgebaute Johanniskirche steht seit 1999 der Universität und der Stadt für Konzerte, Fest- und Kulturveranstaltungen zur Verfügung. In der GETEC-Arena, der größten Veranstaltungshalle in Sachsen-Anhalt, finden verschiedene Großevents statt. Vor allem aber trägt der Handball-Bundesligist SC Magdeburg dort seine Ligaspiele aus. Das Stadion, die

Luftbild mit Blick auf das Domviertel mit Elbe. Im Mittelgrund die »Grüne Zitadelle« von Friedensreich Hundertwasser, davor das Justizzentrum in der alten Hauptpost am Breiten Weg, dahinter der Landtag von Sachsen-Anhalt am Domplatz, rechts davon der Dom, um 2008

MDCC-Arena, fasst etwa 26.000 Zuschauer. Hauptnutzer ist hier der traditionsreiche Fußballclub 1. FC Magdeburg, der viele Fans anzieht. Auch den Magdeburger Zoo besuchen jedes Jahr rund 400.000 Gäste.

Bundesgartenschau und Ausstellungen zu Otto dem Großen

Die Stadt hat bereits Anfang der 1990er-Jahre den Plan zu einigen Großevents gefasst, die ihr einen enormen Entwicklungsschub und überregionales Renommee verschaffen sollten. So bekam Magdeburg den Zuschlag für die Bundesgartenschau 1999, die mit 2,3 Mio. Besuchern zu einem großen Erfolg wurde. »Die BUGA trat in eine Symbiose mit der Landeshauptstadt, fügte sich ein in den Elbauenpark mit Bördelandhalle (heute GETEC Arena), neuem Messegelände und Fachhochschule, mit dem Sportzentrum an der Pferderennbahn im Herrenkrug und dem attraktiven Erlebnisbad NEMO in unmittelbarer Nähe zum Rosengarten« (Köppe, S. 498). Das elbnahe Militärgelände wurde in einen blühenden Park verwandelt, »Harmonie und Kontraste« (Heber, S. 335) waren das Schwerpunktthema. »Neben großen Wechselpflanzungen von 250.000 Gewächsen mit über 600 Sorten breiteten sich 15 Themengärten aus, die ›Gärten der Erinnerung‹, die bis heute die Geschichte der Stadt erlebbar machen« (Heber, S. 335). Es wurden eine Seebühne für 1800 Besucher und der Jahrtausendturm in Form eines 60 m hohen Tipis aus Holz und Zeltplane errichtet. Er ist seitdem aus der Stadtsilhouette nicht mehr wegzudenken und fast zu einem neuen Wahrzeichen geworden. Die Dauerausstellung im Inneren zeigt auf anschauliche und spektakuläre Weise 6.000 Jahre Technikgeschichte der Welt.

2001 führte das Kulturhistorische Museum die Europarats- und Landesausstellung »Otto der Große, Magdeburg und Europa« durch. Das Interesse daran war überwältigend. Mehr als 300.000 Besucher kamen an rund 100 Ausstellungstagen, mehr als 150 Mio. Menschen auf der ganzen Welt wurden von den rund 8.000 Medienberichten im In- und Ausland erreicht. Auf diesem Erfolg aufbauend, fasste das Kulturhistorische Museum die »Ottonen-Trilogie« ins Auge und veranstaltete zusammen mit dem Deutschen Historischen Museum Berlin zum 200. Jahrestag des Endes des Heiligen Römischen Reiches Deutscher Nation 2006 die Europarats- und Landesausstellung »Heiliges Römisches Reich Deutscher Nation 962–1806«, wobei in Magdeburg der Mittelalter- und in Berlin der Neuzeit-Teil gezeigt wurde. 248.000 Besucher sahen die Ausstellung 2006 in Magdeburg, knapp 200.000 in Berlin. Zum 1100. Geburtstag des Kaisers zeigte das Kulturhistorische Museum 2012 die Landesausstellung »Otto der Große und das Römische Reich. Kaisertum von der Antike zum Mittelalter«. Auch hier kamen über 100.000 Besucher.

Mit diesen drei Ausstellungen hat Magdeburg nachdrücklich auf seinen herausragenden Rang als bevorzugte Pfalz Ottos des Großen und als Grablege dieses großen Gestalters Europas in der Zeit der frühen Nationenbildung hingewiesen. Diese außerordentlich erfolgreichen Ausstellungen haben zur Steigerung des Ansehens Magdeburgs in Europa und zur Wiederherstellung des Geschichtsbewusstseins in der Landeshauptstadt, die im Jahr 2005 das 1200. Jubiläum der Ersterwähnung beging, und in Sachsen-Anhalt erheblich beigetragen.

Ausblick

Die Wiederentdeckung ihrer historischen Identität sowie die kulturelle Entwicklung der Stadt Magdeburg im Ganzen haben den Ausschlag für den einstimmigen Beschluss des Stadtrates gegeben, sich für den Titel »Kulturhauptstadt Europas 2025« zu bewerben.

Angesichts der vielfachen Verflechtungen der Stadt mit der Geschichte und Kultur Europas über die Jahrhunderte hinweg wäre dieser Titel gewissermaßen ein Ankommen bei sich selbst unter den Bedingungen und Herausforderungen des 21. Jhs. Mit dem Magdeburger Recht hat die Stadt schon einmal einen herausragenden Beitrag zum Entstehen europäischer Werte geliefert, und so gilt es, sich auch heute wieder für diese Werte einzusetzen, um die europäische Friedensordnung in Zukunft zu erhalten.

Zeittafel

805	Ersterwähnung im Diedenhofener Kapitular Karls des Großen
937	Gründung des Moritzklosters
942	Magdeburg wird Pfalzort für König Otto I. und seine Gattin Editha und erste Münzstätte in Sachsen
946	Tod der Königin Editha und Begräbnis im Moritzkloster
951	Eheschließung zwischen Otto I. und der Burgunderin Adelheid
965	Otto der Große überträgt wichtige Herrschaftsrechte auf das Moritzkloster
967/68	Gründung des Erzbistums Magdeburg
968	Adalbert wird erster Erzbischof von Magdeburg
973	Tod Kaiser Ottos des Großen und Begräbnis im ottonischen Dom
975	Bestätigung des Privilegs der Steuerfreiheit der Magdeburger Kaufleute durch Kaiser Otto II.
983	Durch den Slawenaufstand wird Magdeburg wieder zum Grenzort
1012–23	Gründung der Kollegiatstifte St. Sebastian und St. Marien, dem späteren Kloster Unser Lieben Frauen
1126	Der Gründer des Prämonstratenserordens, Norbert von Xanten, wird Erzbischof von Magdeburg
1129	Das Kollegiatstift Kloster Unser Lieben Frauen wird Prämonstratenserkloster
1152/54	Wichmann von Seeburg wird Erzbischof von Magdeburg. Entstehung der Nowgoroder Bronzetür
1188	Stadtrechtsbesserung durch Erzbischof Wichmann. Der Siegeszug des Magdeburger Rechts beginnt
1199	König Philipp von Schwaben und Walther von der Vogelweide auf dem Weihnachtshoftag zu Magdeburg
1207	Brand des ottonischen Doms
1209	Grundsteinlegung für die gotische Kathedrale
um 1240	Aufstellung des Magdeburger Reiters auf dem Alten Markt
1244	Erstmalige Nennung des Magdeburger Rates
um 1250	Magdeburg wächst in die entstehende Hanse hinein
1293/95	Erster innerstädtischer Konflikt
1325	Erzbischof Burchard III. wird im Ratskeller von Ratsherren aus Magdeburg, Halle und Calbe erschlagen
1330	Neue Stadtverfassung, die bis 1630 Bestand hat
1350	Die Pest wütet in Magdeburg
1384	Entstehung des »Sächsischen Städtebundes«
1401/3	Münzunruhe
1430–35	Krieg zwischen Magdeburg und Erzbischof Günter II.
1493	Vertreibung der Juden durch Erzbischof Ernst. Das Judendorf wird als »Mariendorf« der Sudenburg zugeschlagen

1497	Streitigkeiten zwischen Magdeburg und Erzbischof Ernst werden beigelegt
1503	Erzbischof Ernst verlegt die bischöfliche Residenz an die Moritzburg in Halle
1513	Erzbischof Ernst stirbt und wird in einer Grabkapelle im Magdeburger Dom beigesetzt. Der Nürnberger Künstler Peter Vischer gestaltet das Grabmal
1524	Luther predigt in Magdeburg. Die Stadt wird evangelisch
1525	Gründung der Ratsbibliothek, aus der die heutige Stadtbibliothek hervorgeht
1531	Magdeburg wird Mitglied des Schmalkaldischen Bundes
1548	Magdeburg widersetzt sich als einzige Stadt dem Interim, das auf dem Reichstag zu Augsburg als eine vorläufige Religionsordnung beschlossen wurde
1550/51	Moritz von Sachsen belagert Magdeburg
1559–74	Die erste geschriebene protestantische Geschichte der Welt, die »Magdeburger Zenturien«, erscheint in 13 Bänden
1566	Joachim Friedrich von Brandenburg übernimmt als »Administrator« die Regentschaft über das Erzbistum Magdeburg
1567	Der Magdeburger Dom wird evangelisch. Erster lutherischer Dompredigter: Dr. Siegfried Sack
1602	Otto von Guericke wird in Magdeburg geboren
1622	Münzverteuerungen verursachen einen Aufruhr in der Stadt mit 16 Toten, ca. 200 Verletzten und 16 niedergebrannten Häusern
1630	Umsturz der 300 Jahre alten Ratsverfassung
1631	»Magdeburger Bluthochzeit«: die Stadt wird am 10. Mai fast völlig zerstört. Rund 20.000 der 30.000 bis 35.000 Einwohner sollen ums Leben gekommen sein.
1648	Westfälischer Frieden. Das Erzbistum Magdeburg wird zum Herzogtum Magdeburg umgewandelt und nach dem Tod Herzog Augusts von Sachsen dem Kurfürstentum Brandenburg zugeordnet
1666	Magdeburg erkennt im Klosterbergischen Vertrag die sächsisch-brandenburgische Herrschaft an
1680	Das Herzogtum Magdeburg fällt ganz an Brandenburg
1681	Georg Philipp Telemann wird in Magdeburg geboren
1685	Ab 1685 siedeln sich ca. 3.500 Hugenotten und Protestanten aus der Pfalz in Magdeburg an
1701	Fürst Leopold von Anhalt-Dessau wird Gouverneur von Magdeburg. Unter ihm und Cornelius Wallrave wird die mächtige Festung erbaut (Mitte des 18. Jhs. im Wesentlichen vollendet)
1748	Von Wallrave wird Gefangener in der Festung Magdeburg. 25 Jahre bis zu seinem Tod verbringt er in der von ihm erbauten Sternschanze
1757–63	Die königliche Familie Preußens wird im Siebenjährigen Krieg zu ihrem Schutz in Magdeburg untergebracht

1793	Gründung der Provincial-Kunstschule, der späteren Kunstgewerbe- und Handwerkerschule
1796	Eröffnung des Nationaltheaters
1806–14	11. November 1806: Die Franzosen besetzen die Stadt. Magdeburg wird Teil des Königreichs Westfalen. Nach dem Abzug wird Magdeburg ab 24. Mai 1814 wieder preußisch
1815	Magdeburg wird Hauptstadt der preußischen Provinz Sachsen
1817	August Wilhelm Francke wird Oberbürgermeister
1823	Mit der Gründung der ersten Magdeburger Maschinenfabrik beginnt das Industriezeitalter in Magdeburg
1826–34	Umfassende Domreparatur
1828	Fertigstellung des Gesellschaftshauses auf den Fundamenten des Klosters Berge nach Schinkel
1834–37	Richard Wagner ist musikalischer Leiter des Theaters Magdeburg
1848	15. März: tumultartige Auseinandersetzungen zwischen Aufständischen und Obrigkeit im Rahmen der Märzunruhen auf dem Domplatz
1853	Ernennung Carl Gustav Hasselbachs zum Oberbürgermeister
1870	Erwerb von Festungsflächen zur notwendigen Stadterweiterung
1873/74	Eröffnung des neuen Hauptbahnhofs
1876	Eröffnung des Stadttheaters
1890	Magdeburg hat 200.000 Einwohner
1893	Übernahme des Grusonwerks durch die Friedrich Krupp AG
1908	Hans Grade gelingt in Magdeburg der erste Motorflug auf deutschem Boden
1912	Die Festung wird endgültig aufgehoben
1916/17	»Kohlrübenwinter«
1918	Relativ unblutiger Verlauf der Novemberrevolution in Magdeburg. Gründung des »Stahlhelm. Bund der Frontsoldaten« als antidemokratische Organisation in Magdeburg
1919	Sozialdemokrat Hermann Beims wird Oberbürgermeister
1921	Bruno Taut wird zum Stadtbaurat berufen
1924	Baubeginn der Hermann-Beims-Siedlung. Gründung des »Reichsbanners Schwarz-Rot-Gold« in Magdeburg als Schutzbund der Demokratie
1927	Errichtung der Stadthalle. Dritte »Deutsche Theaterausstellung« findet auf dem neuen Ausstellungsgelände an der Stadthalle statt
1929	Aufstellung des Antikriegsdenkmals von Ernst Barlach im Dom
1931	Hermann Beims tritt ab, Ernst Reuter wird Oberbürgermeister
1932	Von den etwa 308.000 Einwohnern sind mehr als 30.000 arbeitslos
1933	Am 11. März wird Ernst Reuter zum Rücktritt gezwungen. NSDAP-Mitglied Fritz Markmann wird Oberbürgermeister
1934	Austragung der Europameisterschaften im Schwimmen in Magdeburg

1938	Fertigstellung des Schiffshebewerks Rothensee. Pogromnacht 9. November: Synagoge und viele Geschäfte in Magdeburg sind Ziel der antijüdischen Angriffe. 11. November: 200 jüdische Bürger aus Magdeburg und der Region werden in das KZ Buchenwald abtransportiert
1940	Erster Luftalarm in Magdeburg
1942	Magdeburg ist Ende des Jahres nach Deportationen nahezu »judenfrei«
1943	Sinti- und Roma-Lager am Holzweg wird vollständig aufgelöst, alle Insassen ins KZ Auschwitz transportiert
1945	16. Januar: mit Abstand schwerster Luftangriff des II. Weltkriegs auf Magdeburg; die Innenstadt wird zu 90 % zerstört. 1. Juli: Magdeburg kommt unter sowjetische Kontrolle und wird damit Teil der sich 1949 gründenden DDR
1951	Wiederaufbau der Innenstadt beginnt
1952	Magdeburg wird Bezirkshauptstadt
1953	Der Volksaufstand vom 17. Juni bricht auch in Magdeburg mit großer Heftigkeit aus. Mehrere Menschen sterben, drei Demonstranten werden zum Tode verurteilt und hingerichtet. 1. September: Gründung der Hochschule für Schwermaschinenbau. Magdeburger Großbetriebe des Schwermaschinenbaus werden in Kombinate und Volkseigene Betriebe umgewandelt
1958	Gründung des Puppentheaters Magdeburg
1962	Telemann-Festtage beginnen
1974	FC Magdeburg gewinnt den Fußball-Europapokal der Pokalsieger
1976	Eröffnung der Nationalen Sammlung Kleinplastik der DDR im wiederaufgebauten Kloster Unser Lieben Frauen
1979	Eingemeindung von Olvenstedt
1981	Grundsteinlegung für die Großsiedlung Neu-Olvenstedt
1989	Ab 14. September Friedensgebete im Dom
1990	31. Mai: Nach den ersten freien Kommunalwahlen am 6. Mai wird Dr. Willi Polte zum Oberbürgermeister gewählt. 28. Oktober: Nach der Wiedervereinigung wird Magdeburg Landeshauptstadt des Bundeslandes Sachsen-Anhalt
1993	3. Oktober: Hochschule für Schwermaschinenbau, Medizinische Akademie und Pädagogische Hochschule werden zur Otto-von-Guericke-Universität Magdeburg zusammengelegt
1997	Arbeitslosenzahl steigt von 3.649 (1990) auf über 25.000. Zahl der in der Magdeburger Industrie Beschäftigten geht um gut 75 % zurück
1999	Bundesgartenschau in Magdeburg mit 2,3 Mio. Besuchern. Wiederaufbau der Johanniskirche
2000	Einwohnerzahl sinkt von 280.000 (1990) auf 230.000. Fachhochschule fusioniert mit der Fachhochschule Altmark zur Hochschule Magdeburg-Stendal

2001	Europarats- und Landesausstellung »Otto der Große, Magdeburg und Europa« mit über 300.000 Besuchern; europaweite Medienresonanz. Dr. Lutz Trümper wird zum Oberbürgermeister gewählt
2003	Einweihung des Wasserstraßenkreuzes Magdeburg
2005	1200-Jahr-Feier mit umfangreichem Veranstaltungsprogramm. Einweihung der Grünen Zitadelle, des letzten von Hundertwasser geplanten Bauwerks
2010	Magdeburg nimmt an der Internationalen Bauausstellung Stadtumbau Sachsen-Anhalt teil
2017	Grundsteinlegung für den neuen »Blauen Bock«, die Firmenzentrale der »Städtischen Werke Magdeburg; Vorgänger wird 2016 abgerissen
2017/18	Grundsteinlegungen für eine flächendeckende Neubebauung des Südabschnitts des Breiten Wegs
2018	Eröffnung des Dommuseums Ottonianum Magdeburg im alten Reichsbankgebäude vor dem Westwerk des Doms. Einwohnerzahl liegt bei über 240.000

Bildnachweis

Bildarchiv Preußischer Kulturbesitz: 15 (Münzkabinett, SMB/Lübke & Wiedemann), 64 (Nationalgalerie, Staatliche Museen zu Berlin)
Fotolia: 172 (Bea Busse)
Fredi Fröschki: 161
Herzog August Bibliothek Wolfenbüttel: 12
Kulturhistorisches Museum Magdeburg: 9 (Reinhard Hentze), 28 (Hans-Wulf Kunze), 33 (Hans-Wulf Kunze), 34, 48 (Jutta Rödling), 53 (Jutta Rödling), 54 (Jutta Rödling), 57 (Reinhard Hentze), 66 (Jutta Rödling), 71 (Reinhard Hentze), 72 (Reinhard Hentze),74 (Reinhard Hentze), 78 (Reinhard Hentze), 83 (Reinhard Hentze), 85 (Reinhard Hentze), 87 (Reinhard Hentze), 90 (Jutta Rödling), 94 (Dieck), 107 (Jutta Rödling), 109 (Jutta Rödling), 121 (Jutta Rödling), 122 (Reinhard Hentze), 123 (Jutta Rödling), 126 (Reinhard Hentze), 143 (Reinhard Hentze), 149, 159 (Jutta Rödling), 168 (Jutta Rödling)
Landesarchiv Sachsen-Anhalt: 17 (U 1 Erzstift Magdeburg, I Nr. 31)
Stadt Magdeburg: 156 (Altes und neues Rathaus, um 1980), 186/187
Stadtarchiv Magdeburg: 178
Ulrich Wüst: 175

Umschlagmotive: vorne: Ansicht des Rathausplatzes Magdeburg, 1903, Max Friedrich Koch (Kulturhistorisches Museum Magdeburg); hinten: Blick über Magdeburg, mit Südturm des Doms (Fotolia,marcus_hofmann)

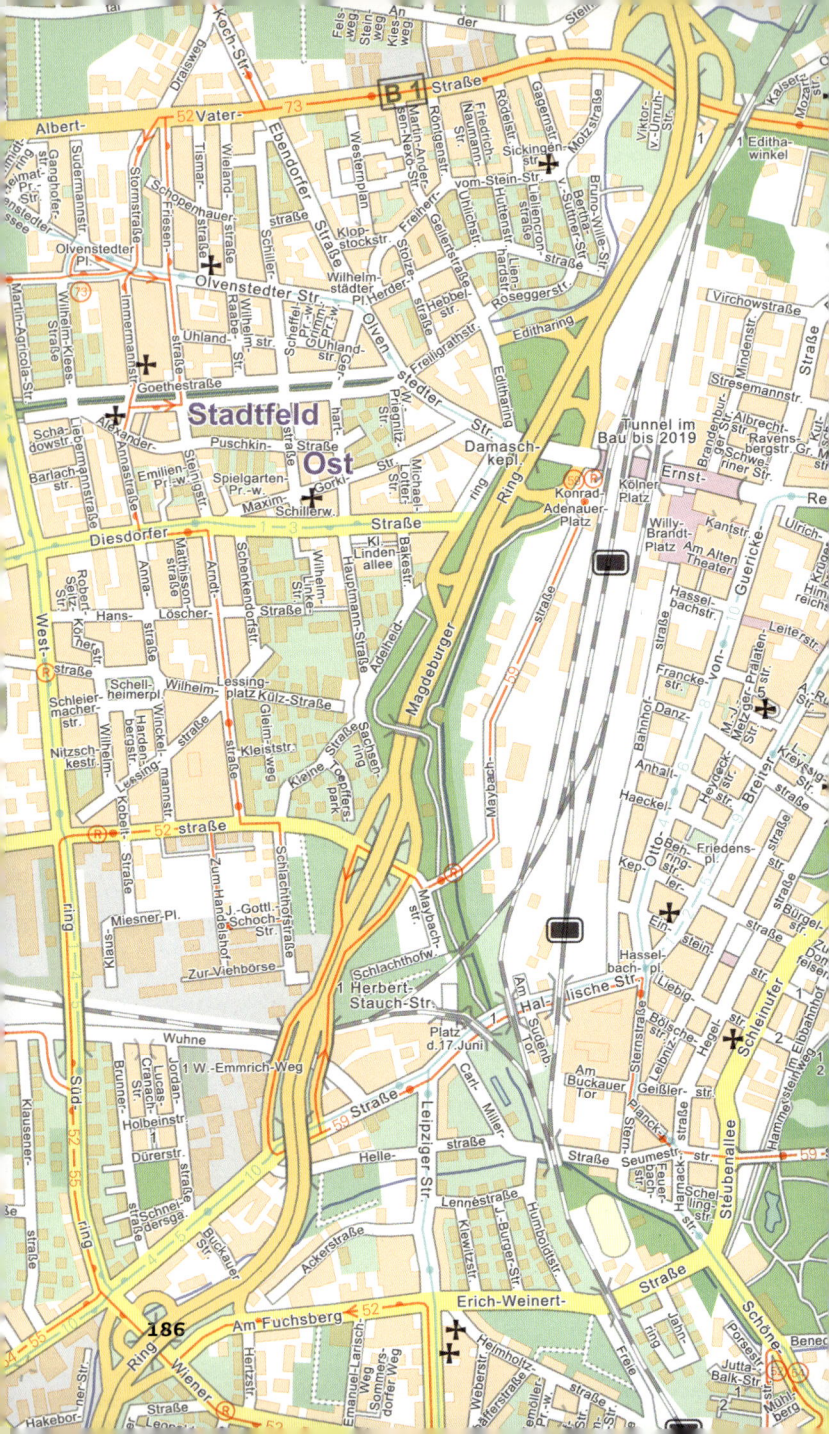

Literatur (eine Auswahl)

Asmus, Helmut: 1200 Jahre Magdeburg von der Kaiserpfalz zur Landeshauptstadt. Die Jahre 805–2005, 4 Bde., Magdeburg 1999–2009.
Grau, Anneliese: Der Gedanke der Herkunft in der deutschen Geschichtsschreibung des Mittelalters (Trojasage und Verwandtes), phil. Diss. Leipzig 1938.
Grünwald, Karin: Magdeburg 17. Juni 1953, S 33–77, in: Magdeburg 17. Juni 1953, hg. v. Matthias Puhle, Magdeburg 1993.
Hattenhorst, Maik: Magdeburg 1933. Eine rote Stadt wird braun, Halle/Saale, 2010.
Krusche, Friedemann: Theater in Magdeburg, Bd. 1. Von der Reformation bis zum Beginn der Weimarer Republik, Halle/Saale 1994. Bd. 2. Ein Streifzug durch das 20. Jahrhundert, Halle/Saale 1995.
Lück, Heiner: Der Sachsenspiegel. Das berühmteste deutsche Rechtsbuch des Mittelalters, Darmstadt 2017.
Möllenberg, Walter: Eike von Repgow und seine Zeit. Recht, Geist und Kultur des deutschen Mittelalters, Burg 1937.
Münchow, Michael: Die Friedliche Revolution von 1989 in Magdeburg, S. 409–425, in: Thomas Großböltung, Roswitha Willenius (Hg.), Landesherrschaft – Region – Identität, Halle/Saale 2009.
Pirenne, Henri: Sozial- und Wirtschaftsgeschichte Europas, München 1976.
Puhle, Matthias: Magdeburg im Mittelalter. Der Weg von der Pfalz Ottos des Großen bis zur Hansestadt 1500, Halle/Saale 2005.
Schilling, Heinz: Die Konfessionalisierung im Reich. Religiöser und gesellschaftlicher Wandel in Deutschland zwischen 1555 und 1620, in: Historische Zeitschrift 246 (1988), S. 1–45.
Tullner, Mathias: Das Trauma Magdeburg – Die Elbestadt im Dreißigjährigen Krieg, S. 13–24, in: ... ganz verheeret. Magdeburg und der Dreißigjährige Krieg, hg. v. Matthias Puhle, Halle/Saale 1998.
Wille, Manfred: Tod und Zerstörung durch Luftbombardements im Zweiten Weltkrieg, S. 38–73, in: »Dann färbte sich der Himmel blutrot ...« Die Zerstörung Magdeburgs am 16. Januar 1945, hg. v. Matthias Puhle, Magdeburg 1995.
Wolter, Ferdinand Albert: Geschichte der Stadt Magdeburg von ihrem Ursprung bis auf die Gegenwart, Magdeburg 1901.

Sammelbände

Carl Gustav Friedrich Hasselbach (1809–1882). Konservativer Oberbürgermeister einer dynamischen Stadt, M. Ballerstedt, P. Petsch, M. Puhle (Hg.), Halle/Saale 2008. Darin:
Mai, Bernhard: Der Einfluss von Oberbürgermeister Hasselbach auf die Planungen zur Entwicklung der Festung Magdeburg und der Eisenbahnanlagen, S. 36–55.
Myrrhe, Ramona: Carl Gustav Friedrich Hasselbach und der Kampf gegen die »Heiden« in Magdeburg, S. 105–116.
Dürre, Ronald: Betrachtungen zum geistig-kulturellen Leben in Magdeburg in der zweiten Hälfte des 19. Jahrhunderts, S. 182–195.
Leben in der Stadt. Eine Kultur- und Geschlechtergeschichte Magdeburgs, Eva Lobouvie (Hg.), Köln Weimar Wien 2004 Darin:
Keul, Hildegund: Mechthild von Magdeburg. Die Armut einer Stadt und die visionäre Lebensmacht der Mystik. S. 17–35.
Labouvie, Eva: Commerce, Communication und Contagium. Die Pest in der Stadt Magdeburg 1681–1683, S. 37–56.
Magdeburg-Porträt einer Stadt, hg. v. Landeshauptstadt Magdeburg und Landesheimatbund Halle/Saale 2000. Darin:

Köppe, Manfred: Wo aus Schuttbergen Gärten der Phantasie wuchsen, S. 497–505.
Bremer, Dagmar: Magdeburg und seine Theater, S. 557–580.
Kaleschky, Werner: Wendejahre wurden Baujahre, S. 645–654.
Magdeburg. Die Geschichte der Stadt 805–2005, Matthias Puhle/Peter Petsch (Hg.), Dössel 2005.
Darin:
Böttcher, Gert: Vorgeschichte der Stadt Magdeburg, S. 9–28.
Kleinen, Michael: Magdeburg, die Lieblingspfalz Otto I.? S. 75–84.
Kärgling, Karlheinz: Zur mittelalterlichen Geschichte der Juden in Magdeburg. Der Fernhandel als Quelle von Lebenserfahrungen und Gelehrsamkeit, S. 229–246.
Miehe, Lutz: Magdeburg im Zeitalter der Reformation (1517–1551), S. 313–342.
Seehase, Hans: Magdeburg von der zweiten Phase der Reformation bis zum Dreißigjährigen Krieg, S. 355–368.
Schneider, Dietmar: Die Alte Stadt Magdeburg zwischen den Fronten 1618–1631, S. 369–394.
Buchholz, Ingelore: Leben in der Festungsstadt, S. 451–478.
Tullner, Mathias: Preußische Provinzialhauptstadt, Industriestadt und soziales Leben, S. 551–618.
Tullner, Mathias: Modernisierung und mitteldeutsche Hauptstadtpolitik – Das »neue« Magdeburg 1918–1933, S. 729–764.
Hattenhorst, Maik: Stadt der Mitte: Zentrum der Aufrüstung und zweite Zerstörung, S. 779–810.
Schmiechen-Ackermann, Detlef: Magdeburg als Stadt des Schwermaschinenbaus, 1945–1990: Politische Geschichte und Gesellschaft unter der SED-Diktatur, S. 819–852.
Seegers, Lu: Kulturelles Leben in Magdeburg nach 1945, S. 890–906.
Magdeburg 1200. Die Geschichte der Stadt von 805 bis 2005, hg. v. Matthias Puhle, Stuttgart 2005.
Darin:
Weber, Thomas: Vor 1200 Jahren: die ältesten archäologischen Funde, S. 14.
Herlemann, Beatrix: Leben in den zwanziger Jahren, S. 264–266.
Dies: Oberbürgermeister Ernst Reuter, S. 279.
Grünwald, K./Kärgling, K. H.: Die sozialistische Industriestadt in der DDR, S. 305.
Begrich, Pascal: Industriestadt Magdeburg, S. 314/315.
Stephan, Annegret: Der Volksaufstand am 17. Juni 1953 in Magdeburg, S. 316.
Quast, Giselher: Demonstrationen und Aktionen 1989 in Magdeburg, S. 326/27.
Heber, Andrea: Die Bundesgartenschau in Magdeburg vom 23. April bis 17. Oktober 1999, S. 334/35
»Magdeburg lebt!« Kriegsende und Neubeginn 1945–1949, hg. v. Matthias Puhle, Magdeburg 2011.
Darin:
Tullner, Mathias: Die »entthronte Metropole«. Magdeburg und das entstehende Sachsen-Anhalt nach 1945, S. 25–36.
Jakobs, Friedrich: Wie Phönix aus der Asche, S. 359–363.
Magdeburg und die Reformation, hg. v. M. Ballerstedt/ G. Köster / C. Poenicke. Teil 1: Eine Stadt folgt Martin Luther. Teil 2: Von der Hochburg des Luthertums zum Erinnerungsort, Halle/Saale 2016/17. Darin:
Schneider, Hans-Otto: Amsdorf als Statthalter Luthers in Magdeburg, S. 113–127, in T. 1.
Nahrendorf, Carsten: Zwischen Humanismus und Reformation. Das Magdeburger Gymnasium in den ersten vierzig Jahren seines Bestehens, S. 239–259, in T. 1.
Flügel, Wolfgang: Zwei feste Burgen des Protestantismus. Der Schmalkaldische Bund und Magdeburg, S. 279–299, in T. 1.
Dall'Asta, Matthias: Melanchthon und Magdeburg. Aspekte einer Beziehung, S. 301–313, in T. 1.
Hartmann, Martina: Matthias Flacius Illyricus erforscht die mittelalterliche Geschichte. Seine fruchtbaren Magdeburger Jahre 1549–1557, S. 443–455, in T. 1.

Bollbuck, Harald: Die Magdeburger Zenturien: Arbeitsorganisation, Motivation und Konzept, S. 457–471, in T. 1.

Puhle, Matthias: Die Außenpolitik des Magdeburger Rates vom Beginn des Dreißigjährigen Krieges bis zur Zerstörung der Stadt 1631, S. 187–205, in T. 2.

Unerwünscht – Verfolgt – Ermordet. Ausgrenzung und Terror während der nationalsozialistischen Diktatur in Magdeburg 1933–1945, hg. v. Matthias Puhle, Magdeburg 2008. Darin:

Hattenhorst, Maik: Tendenzen der Magdeburger Entwicklung von der Machtdurchsetzung der Nationalsozialisten bis zur Zerstörung, S. 35–50.

Skirlo, Guido: Die Pogromnacht 1938 in Magdeburg, S. 215–224.

Begrich, Pascal: »Man passte auf, dass man uns leiden ließ«. KZ-Häftlinge in Magdeburg, S. 317–328.

Register

Orte

Aardenburg 38
Altmark 79, 84, 176
Anhalt 131, 146
Aschersleben 43, 47, 119
Auerstedt 76
Augsburg 55
Auschwitz, KZ 147

Bad Harzburg 136
Bamberg 11
Barby 79
Bardowiek 11
Belgien 120
Bergen 45
Bergen-Belsen, KZ 145
Berlin 70, 76f., 87, 96f., 99, 104, 113, 121f., 127, 130, 132, 134, 137, 139, 142, 160, 165, 167, 174, 179
Bitterfeld 107f., 160
Böhmen 9, 59
Brandenburg 19, 27, 53f., 56, 66, 69f., 147, 169
Braunschweig 20, 30, 38, 43f., 46, 73, 79, 87, 110, 131, 135
Breitenfeld 63
Bremen 73, 84
Breslau 45, 82
Brocken 75
Brügge 38
Buchenwald, KZ 143, 145, 147
Bulgarien 161
Burgscheidungen 10

Calbe 41
Calvörde 79
Colbitz 111, 137
Colbitz-Letzlinger Heide 111

Dänemark 73
Danzig 77
Darmstadt 127
Dessau 119, 127, 136, 147, 170
Dodendorf 81
Dömitz 82
Dresden 82, 128

Eisenach 109

Eisleben 35
Elba 91
Elsass 18, 118
Erfurt 11, 64, 84, 119
Essen 112

Flandern 38, 45
Forchheim 11
Frankfurt a. d. Oder 62
Frankfurt a. Main 27, 84, 97
Frankreich 70, 76, 78f., 81f., 84, 91, 118, 120

Gera 160
Giebichenstein 25, 49
Gnesen 19
Gommern 10, 79
Görlitz 160
Gorz 14
Goslar 22, 43
Großbritannien 80, 84, 120, 149

Halberstadt 22, 41, 43, 47, 74, 79, 84, 87
Halle 20, 25, 40f., 46f., 49, 62, 69, 108, 125, 131, 152, 154, 160, 169
Hallstadt 11, 20
Hamburg 38, 57, 73, 82, 84, 86, 89, 100, 108, 112, 131, 146, 174
Hannover 79, 99, 142, 165, 174
Harz 22, 75
Havelberg 19, 24, 26
Helmstedt 43
Helsinki 166
Hildesheim 44
Holstein 38
Hundisburg 80

Indien 161

Jalta 152
Jena 76, 160
Jerusalem 7, 28, 63
Joncherey 118
Jugoslawien 161

Kassel 79
Kiel 121
Kiew 29
Kleve 68

Klötze 79
Köln 125
Konstantinopel 6, 17
Kurpfalz 70, 75

Langenstein-Zwieberge, KZ 145
Lehrte 99
Leipzig 57, 63, 73, 82, 87, 90, 100f., 132, 160, 174
Lichtenburg, KZ 139, 141
London 109, 143
Lorch a. d. Enns 11
Lothringen 14
Lübeck 38, 45, 60, 84, 146
Lüneburg 44, 57
Lutter am Barenberge 60
Lützen 65

Mainz 50
Mannheim 71, 73
Marienburg 63
Meißen 24
Mellrichstadt 22
Memel 77
Merseburg 84, 125, 131
Minsk 29, 147
Möckern 82
Moissac 13
Moskau 144
Mühlberg a. d. Elbe 52
Mühlhausen 118
München 143

Nauen 97
Naumburg 27, 73, 125
Neuhaldensleben 77
Neustaßfurt 153
New York 32
Niederlande 73, 122, 153
Northeim 22
Norwegen 150
Nowogrod 38, 45
Nürnberg 49, 67

Österreich 82, 98, 101, 118, 161

Paris 30ff., 95f., 143
Polen 153, 161
Potsdam 70
Prag 59
Premberg 11
Prémontré 23, 26

Quedlinburg 13f., 20, 43

Rammelsberg 22
Ravensbrück, KZ 146
Regensburg 11, 67
Riga 147
Rom 10, 25, 28, 31
Rostock 174
Rotterdam 165
Rottersdorf 43
Rügen 139
Rumänien 161
Russland 73, 78, 82, 84, 117f., 120

Sachsen 15, 21, 28, 51, 54, 56, 76, 84f., 95, 98, 116, 125, 131, 152, 154, 169
Sachsen-Anhalt 7, 9, 154, 169, 173, 176ff., 180
Schlesien 96, 142
Schweden 62, 66, 73
Schwerin 174
Serbien 118
Sowjetunion 160f., 172
St. Petersburg 117
Stendal 99
Stralsund 81

Tauroggen 82
Theresienstadt 147
Tilsit 78, 82
Torgau 82, 141
Trier 14
Troja 7, 63
Türkei 139

Ungarn 77, 161

Venedig 28
Vereinigte Arabische Republik 161
Visby 38
Vorpommern 66

Wanzleben 68
Warschau 147
Washington 149f.
Wefelingen 79
Weimar 127, 135
Wien 67, 84
Wittenberg 50f., 82
Wolfenbüttel 64
Wolfsburg 99
Wörlitz 103

Yorkshire 148

Personen

Ackermann, Major (Lebensdaten unbek.) 151
Adalbert, Erzbf. (um 910–981) 18, 32
Adelgot, Erzbf. (nach 1060–1119) 23
Adelheid (931/32–999) 18
Aito (Lebensdaten unbek.) 11
Albrecht der Bär (um 1100–1170) 26
Albrecht II. v. Käfernburg, Erzbf. (1170–1232) 30ff., 35f.
Albrecht v. Brandenburg (1490–1545) 49f.
Albrecht, Rolf (1920–1995) 168
Alexander III. (um 1100/1105–1181) 29
Amsdorf, Nikolaus v. (1483–1565) 51f.
Anna Amalia (1739–1807) 77
Apel, Heinrich (* 1935) 163
Armin, Friedrich Sixt v. (1851–1936) 119
Artelt, Karl (1890–1981) 121
Aston, Samuel (1792–1848) 86, 100
August, Fürst Erzbf. (1614–1680) 65, 68f.

Bachmann, Heinrich Wilhelm (1737–1776) 75
Baer, Otto (1881–1966) 152, 155
Balk, Jutta (1902–1987) 164
Baner, Johann (1596–1641) 64
Barlach, Ernst (1870–1938) 133f.
Basedow, Johann Bernhard (1724–1798) 75
Bebel, August (1840–1913) 109
Becher, Johannes R. (1891–1958) 128
Beck, Walter (1890–1966) 128
Beims, Hermann (1863–1931) 122–125, 128–134, 136f.
Bernhard v. Clairvaux (1090–1153) 26
Beye, Bruno (1895–1976) 128
Bismarck, Otto v. (1815–1898) 97
Blumenthal, Graf (1765–1830) 79
Bode, Wilhelm v. (1845–1929) 104
Bohley, Reiner (1941–1988) 166
Boleslaw der Tapfere (965/67–1025) 19
Bosselt, Rudolf (1871–1938) 127
Bötticher, Friedrich (1826–1895) 75, 104
Bracke, Wilhelm (1842–1880) 110
Bratfisch, August (1883–1960) 128
Bremer, Julius (1828–1894) 109
Brun v. Querfurt (970–1009) 21

Budenberg, Christian Friedrich (1815–1883) 100, 112–115, 117, 131, 144, 160
Burchard II. v. Halberstadt (1028–1088) 22
Burchard III. v. Magdeburg, Erzbf. († 1325) 40–43

Carnot, Lazare (1753–1823) 91
Christian IV. (1577–1648) 60
Coqui, Gustav (1805–1876) 95
Coqui, Johann Caspar (1747–1824) 80
Cruziger, Casper (1504–1548) 52

Dartsch, Alfred (1910–1953) 159
Daub, Philipp (1896–1976) 156
Deffke, Wilhelm (1887–1950) 127
Dexel, Walter (1890–1973) 127
Dietrich, Erzbf. (1300–1367) 44
Dorschfeld, Richard (1864–1937) 127
Dungert, Max (1896–1945) 128

Eberhard, Rudolf (1891–1965) 152, 155, 163
Ebert, Friedrich (1871–1925) 123
Editha (910–946) 6, 13, 17
Eicke, Carl Julius (1806–1866) 103
Eidenbenz, Hermann (1902–1993) 127
Eike v. Repgow (1180–1235) 29
Elisabeth Christine (1715–1797) 76
Erdmannsdorff, Friedrich Wilhelm Freiherr v. (1736–1800) 103
Ernst v. Magdeburg, Erzbf. (1464–1513) 47, 49f., 106
Eulenspiegel, Till (1300–1350) 6

Fahlberg, Constantin (1850–1910) 107f.
Falkenberg, Dietrich v. (1580–1631) 63
Ferdinand I. (1503–1564) 55
Ferdinand III. (1608–1657) 67
Flacius, Matthias (1520–1575) 53
Francke, August Wilhelm (1785–1851) 80, 85, 87f., 91, 97, 105
Freiligrath, Ferdinand (1810–1876) 103
Friedrich der Große (1712–1786) 76
Friedrich I. Barbarossa (um 1122–1190) 27ff.
Friedrich I., Kurfst. (1657–1713) 69
Friedrich v. Wettin, Erzbf. († 1152) 26f., 32
Friedrich Wilhelm I. (1688–1740) 69f.
Friedrich Wilhelm III. (1770–1840) 81f., 93

Friedrich Wilhelm IV. (1795–1861) 93, 97, 99
Friedrich Wilhelm v. Brandenburg (1620–1688) 68f.

Gerhard I. v. Holstein (1232–1290) 38
Gerlach, Ernst Ludwig v. (1795–1877) 97
Gero, Erzbf. († 1023) 23
Gleim, Johann Wilhelm Ludwig (1719–1803) 75
Göderitz, Johannes (1888–1978) 126, 130
Goebbels, Joseph (1897–1945) 143
Goethe, Johann Wolfgang v. (1749–1832) 89, 104
Goldschmidt, Herbert (1890–1943) 139
Göring, Hermann (1893–1946) 140
Göschel, Karl Friedrich (1784–1861) 96
Grade, Hans (1879–1946) 113
Gregor VII. (1015–1085) 22
Greischel, Walter (1889–1970) 153
Grünspan, Herschel (1921–1942) 142
Gruson, Hermann (1821–1895) 100, 112, 114, 117, 119, 130, 142, 144, 148, 158, 160, 177
Gruson, Otto (1831–1886) 100, 114, 117, 119, 130, 142, 144, 158, 158, 160
Guericke, Otto v. (1602–1686) 64–68, 86, 153
Guischard, Johann Philipp (1726–1798) 73f.
Günther II., Erzbf. (1382–1445) 45
Gustav II. Adolf (1594–1632) 61ff., 65

Hardenberg, Karl August v. (1750–1822) 91
Harris, Arthur (1892–1984) 148
Hartwig, Erzbf. († 1102) 22
Hasenpflug, Carl (1802–1858) 90, 94
Hasselbach, Carl Gustav (1809–1882) 98, 100–104, 110
Hauptmann, Gerhart (1862–1946) 138
Hauswaldt, Albert (1851–1909) 114
Hauswaldt, Johann Georg (1813–1872) 108, 113, 131
Hegel, Georg Wilhelm Friedrich (1770–1831) 91
Heilbronn, Isaak (1752–1822) 105
Heine, Heinrich (1797–1856) 103
Heinrich der Löwe (1129–1195) 26, 28f.

Heinrich I. (um 876–936) 13f., 19
Heinrich II. (973–1024) 18–21
Heinrich III. (1017–1056) 18, 21f.
Heinrich IV. (1050–1106) 21f., 30
Heise, Annemarie (1886–1937) 128
Heise, Katharina (1891–1964) 128
Hertz, Joseph H. (1872–1946) 143
Hildegard v. Bingen (1098–1179) 35
Himmler, Heinrich (1900–1945) 147
Hindenburg, Paul v. (1847–1934)110, 138
Hitler, Adolf (1889–1945) 135, 137ff., 143, 147
Honecker, Erich (1912–1994) 165, 168
Höpfner, Wilhelm (1899–1968) 128
Humboldt, Alexander v. (1769–1859) 104
Hundertwasser, Friedensreich (1928–2000) 173, 178

Innozenz II. (vor 1088–1143) 25, 31
Immermann, Carl Leberecht (1796–1840) 89

Jennrich, Ernst (1911–1954) 159
Jérôme Bonarparte(1784–1860) 79, 105
Joachim Friedrich v. Brandenburg (1546–1608) 55f.
Johann Georg v. Sachsen (1585–1656) 65
Johann I. v. Holstein (um 1229–1263) 38
Johannes XIII. († 972) 16
Julius Caesar (100–44 v. Chr.) 12

Kaiser, Georg (1878–1945) 115
Kamptz, Albrecht Ludwig v. (1810–1884) 96
Karl der Große (742–814) 6, 10ff.
Karl IV (1316–1378) 43
Karl V. (1500–1558) 52f.
Karsch, Luise (1722–1791) 75
Katte, Karl Friedrich v. (1770–1836) 81
Klees, Wilhelm (1841–1922) 109, 111
Kleist, Franz Kasimir v. (1736–1808) 77f.
Klopstock, Friedrich Gottlieb (1724–1803) 75
Knoblauch, Christian Friedrich (1805–1879) 112
Kohl, Helmut (1930–2017) 169
Königsmarck, Hans Christoph v. (1600–1663) 65